短くても
気持ちが
伝わる

手紙・はがき・一筆箋
きちんとマナー
ハンドブック

杉本祐子 著

主婦の友社

PART 7 お見舞いの手紙／お見舞いへのお礼の手紙 147

PART 8

お悔やみ状など弔事の手紙

◉本書の使い方

地色が黒、赤、青とあり、黒は状況を問わずに使える

基本的な文例を意味し、赤と青は状況に合わせて使ってほしい文例を意味しています。

アイコンにも注目！

◆メモ　言葉についての説明や背景などを説明しています。

♥マナー　手紙といっしょに品物を送るときや、手紙にこめる心遣いのマナーについて説明しています。

★注意点　相手に失礼にならないように気をつけたいことを説明しています。

♣応用　別の言い回しや、状況に応じて書きかえるときの表現を紹介しています。

親が入所する施設へ　息子・娘→施設職員

いつも父がお世話になりまして、ありがとうございます。私どもは農作業に従事しているため、なかなか貴所を訪問することができず、心苦しく存じております。

職員の皆様の親切でていねいな介護のもと、安心して父をゆだねることができ、御礼の言葉もございません。

★日ごろの感謝のおしるしまでに、私どもの畑でとれた苺をわずかばかりお届けしますので、皆様でお召し上がりください。

どうぞ今後とも父をよろしくお願いいたします。まずは書中にて御礼まで。

★注意点　施設によっては、物品を受けとらないこともあるので、事前に確認します。

だれからだれへの手紙か

親がお世話になったお礼、妻が夫の代筆をするなどのケースも、すぐにわかります。

差出人は男性か女性か

男女を問わずに使える文例がほとんどですが、女性専用の手紙用語などを用いた文例はマークにするなど、使い分けをしやすくしています。

手紙(封書)／はがき／一筆箋／カードの使い分けは

内容や相手によって、適した連絡方法を4種類のマークで示しています。

手紙(封書)　はがき

一筆箋　カード

PART 1

礼儀正しい手紙を書きましょう

気持ちを確実に伝えたいときは、自筆の手紙がベストです

●目的に応じてコミュニケーション手段を考える

手紙やはがきのほか、一筆箋やカード、電話、メールなど、何かを伝えるためには、さまざまな手段があります。左表のようにそれぞれ一長一短があるので、「何を」「どのように」伝えたいかによって、方法を使い分けましょう。

伝えるものは「情報」と「気持ち」に大別できます。情報を伝えるためには、記録の残るメールや、1枚に多くの字数を印刷できるワープロ文書が適しています。しかし「ありがとう」「おめでとう」など、心からの気持ちを伝えるためには、自筆で書く手紙にまさるものはありません。

手段	メリット	注意点	ふさわしい内容
手紙（封書）	◎きちんとした印象を与える ◎相手以外の人の目にふれない	△形式のルールに沿って書く必要がある △用件によっては大げさな印象を与える	◆冠婚葬祭やお礼など「気持ち」を伝えたいとき ◆目上の人や礼儀を重んじる人にあてるとき

はがき	◎気軽に書ける ◎一見しただけで内容がわかる	△手紙（封書）よりは略式 △伝えたい相手以外の人の目にふれることもある	◆日常のおつきあいの範囲での贈答やお礼をするとき ◆手紙（封書）ほど大げさにしたくないとき
一筆箋	◎気軽に書ける ◎付箋やメモよりていねいな印象	△複数枚にわたると相手が読みにくい △目上の人へのあらたまった用件には不向き	◆お金や品物を受け渡すとき ◆メモ感覚で簡単な連絡やお礼をしたいとき
カード	◎気軽に書ける ◎相手だけのために準備した「特別感」がある	△目的に応じたカードを準備する必要がある △書ける文字量が少ない	◆お祝い、お礼、お見舞い、お悔やみなど ◆クリスマスや誕生日の贈り物に添えるとき
文書（を郵送またはメール添付で送付）	◎用紙1枚でもかなりの情報量を伝えられる ◎箇条書きを用いることでわかりやすくなる	△事務的な印象を与える △用件によっては送付前にコンタクトが必要	◆案内、報告など「情報」を伝えるのが目的のとき ◆情報が多いとき
電話	◎即時に物事を伝えられる ◎相手とやりとりしながら話を進められる	△連絡方法としては手紙より略式 △相手を電話口に呼び立てて拘束する	◆急いで伝えたいことがあるとき ◆相手に直接伝えたいことがあるとき
メール	◎即時に物事を伝えられる ◎相手が都合のよいときに読める	△相手が確実に読むとは限らない △連絡方法としては手紙・電話より略式	◆多数の人に同じ内容を伝えたいとき ◆日常的にメールを使う相手への連絡

基本の「お手紙セット」をそろえましょう

「手紙は苦手」という人の多くは、すぐに手紙を書ける準備がととのっていません。まず、目的や相手を問わず、幅広く使える次の3点を常備しておきましょう。

1．白無地にけい線入りの便箋と封筒

便箋は、縦書き用、10行前後でけい線の幅が広めのものがおすすめです。けいが細いと、文章量が多くなり、全体の構成や文字の配置がむずかしくなります。

封筒は、縦型の和封筒（長形5号）が基本で、便箋と同じ紙質のものが無難です。定番的に販売されているシリーズなら、どちらかだけを買い足すときに便利です。便箋と封筒の紙質や色が違うと、あり合わせのものを組み合わせたような印象を与えてしまうこともあります。

なお、本来、便箋はけい線なしの白無地が正式とされていました。けい線は、文字をそろえて書くための「補助線」なので、儀礼的な手紙の場合には、無地の便箋のほうがよいという理由です。しかし、今日では相手や用件を問わず、けい線入りの便箋を使ってもOKです。

横書きの便箋や、色柄入りの便箋・封筒は、カジュアルなものですから、友人や親しい間柄の相手に向けての手紙にとどめましょう。ただ、薄いクリーム色や水色の無地便箋・封筒なら、あらたまった手紙に用いても、さしつかえありません。

2. 白無地にけい線入りの「はがき箋」または「郵便はがき」

郵便局などで売られている郵便はがきは、書いたらすぐにポストに投函できるので便利ですが、けい線がないため、文字をまっすぐに書くのが案外むずかしいもの。手紙を書き慣れていない人は、けい線入りのはがき箋のほうが使いやすいでしょう。ただし、はがき箋の場合は、切手を別に準備してはらなくてはなりません。

3. 84円切手（封書用）と63円切手（はがき用）

普通切手でよいのですが、好みの特殊切手（記念切手）を購入しておき、目的や季節に合わせて使い分けると好印象です。受けとる相手は「切手にも気を使ってくれたのだな」とうれしくなるものです。

短い手紙に向くアイテムがあると便利です

◉一筆箋

一冊目は白または薄い色の無地・けい線入りを

文字通り「一筆」添えるときに使います。多種多様な色柄の品が売られていますが、「白無地便箋」に近いイメージのものなら、取引先や子どもの学校の先生あてなど、あまりカジュアルにしたくない場合にも使えます。

無地の一筆箋は、けい線入りの下敷きとともに使いますが、気軽さの点では、けい線が印刷されているものがおすすめです。

使う機会が多いなら、春は桜、夏は金魚など、季節感のあるイラストが描かれた一筆箋をそろえておきましょう。時期に合わせて使い分けると、書く側も受けとる側も楽しいものです。

■カード
目的に応じたメッセージと色柄を選ぶ

通常は、カードと封筒がセットになっており、1組数百円と、決して安価な品ではありません。それだけに、相手のために準備したという特別な思いを届けることもできます。お祝い、お礼、お見舞いなどの目的に応じたメッセージや絵柄が印刷されたカードを選びましょう。

■ミニサイズの便箋
紙が小さければ短い手紙でも便箋2枚に

一般的な便箋はB5サイズですが、A5(ビジネス文書などに用いられるA4の半分)サイズのものも売られています。便箋1枚だけの手紙に抵抗があるとき(下記参照)は、「小さな便箋に書いて、2枚以上にする」という方法も考えられます。

便箋を使うなら2枚以上にわたるように書くのが無難

以前は「便箋1枚だけの手紙は失礼」とされていました。「三行半(離縁状)や決闘を申し込む果たし状は1枚だけで、それと同じ枚数は縁起が悪い」などの理由から、手紙が1枚で終わる場合は、2枚目に白紙の便箋を添えるのがマナーとされた時代もありました。

現在はそのようなしきたりは薄れていますが、便箋1枚だけの手紙がそっけない印象を与えることは事実です。短い手紙の場合は、けい線の太い便箋を使う、あるいはミニサイズの便箋を使うなどして、手紙文を2枚にわたらせるのが無難といえるでしょう。

ただし、お悔やみの手紙は「不幸が重なる」連想を避けるため、1枚だけでまとめます。

筆記具は事務的に見えないものを使います

◉筆やインクで書かれたような筆跡が重要

手紙用の筆記具として大事なのは「相手が、気持ちよく読めるかどうか」「自分が、必要以上に身構えずに書けるかどうか」です。使いやすい筆記具を選べばよいのですが、次の2点には留意します。

①はっきりとした筆跡になること

事務用の油性ボールペンでは、文字がグレーっぽくなってしまうことがあります。また、0・3㎜など細いペンの字は読みにくいものです。

②筆ペンならやわらかめより硬めの筆先

筆や筆ペンは、力の入れ方によって文字の線の太さが変わります。やわらかい筆先は、力の加減がむずかしいものです。

◉「手紙は筆ペンか万年筆で書くのが正式、ボールペンはNG」は以前のマナー

昔から、重要な調印や署名には筆や万年筆、「つけペン（インクにペン先を浸しながら書くペン）」が、正式な筆記具として用いられてきました。

一方、ボールペンは日常的な事務用品です。また以前の商品はインクがかすれたり、ダマになったりすることも多かったため、手紙に使うのは相手に対して失礼とされてきました。

しかし、現在、筆や万年筆が日常的なシーンで使われることはまれになりました。また、ボールペンの品質は向上し、インクの種類も豊富になっています。

◉筆記具の特性を知って使いこなす

市販の筆記具には一長一短があります。筆ペン・万年筆以外なら、筆跡や使いやすさの点で、筆風サインペンかゲルインクボールペンがおすすめです。

人気の「消せるボールペン」は、家族や友人などに向けて書くカジュアルな手紙に用いるのは許されるでしょうが、こすれたりするなどして、熱が加わると、文字が消えてしまいます。消えてしまう危険性を考えて、封筒の表書きやはがきの表裏に使うのは避けたいものです。

種類	構造・書き方	特徴
筆ペン	合成樹脂を束ねた筆先に、内蔵されたインクを含ませて使う	○本格的な筆文字のような仕上がり △線の太さの調節がむずかしい
万年筆	金属のペン先に、インクを供給しながら使う	○独特の筆跡で味わいがある △長期間使用しないとインク詰まりの恐れ
おすすめ 筆風サインペン	ペン先が硬く、サインペン感覚で書けるが筆のような筆跡になる	○テクニックいらずで筆文字の仕上がり △ボールペンにくらべるとやや高価
油性ボールペン 水性ボールペン おすすめ ゲルインクボールペン	ペン先に回転する小さな球がついており、その球が回転することで軸内のインクをしみ出させながら使う	○ふだんから使い慣れている △油性ボールペンは、かすれやダマが起こることもある

便箋の文字の配置1　縦書き

お歳暮をいただいたお礼

本人→知人

前文（はじめのあいさつ）

❶拝啓□❷本年も残すところあとわずかとなり、お忙しい毎日をお過ごしのことと存じます。

❸鈴木様には、日ごろからたいへんにお世話になり、あらためて心より御礼を申し上げます。

主文（手紙の目的＝お礼）

❹□さて、このたびはごていねいなお心づくしの品をご恵贈いただきまして、まことにありがとうございました。

□寒い季節にはたいへんうれしい品で、❺家族とともにさっそく堪能させていただきます。

いつもながらのごていねいなお気遣いに恐縮しております。

末文（結びのあいさつ）

□今後とも変わらぬおつきあいをお願い申し上げますとともに、明年の鈴木様のますますのご健勝とご発展をお祈りいたします。

□まずは略儀ではございますが、書中をもちまして御礼とごあいさつを申し上げます。

❻敬□具□

あとづけ（日付、差出人名、あて名）

❼□□十二月十日

❽神田　友実

❾鈴木一郎様
和子様

❶「拝啓」などの頭語は行頭から書く

敬意を示すために行頭から書きます。

❷頭語のあと1文字分あけて時候（季節）のあいさつをつづける

「拝啓」だけで改行し、次の行に時候のあいさつを書くのは、本来の方法ではありません。

✕例

拝啓
本年も残すところあとわずかとなり……

❸相手側をさす言葉（鈴木様など）を行末にしない

行末になりそうなときは、文章の前後を入れかえて調整するか、改行して次の行頭に書きます。

❹主文は、改行して1文字分下げて書き始める

その後も必要に応じて改行します。

❺自分側をさす言葉（家族など）を行頭にしない

③と同様に調整します。

❻「敬具」などの結語の位置に注意する

「敬　具」と文字の間をあけ、行末より1文字分上の位置におきます。手紙文の最終行の下に余白があれば、同じ行に結語を書いてもかまいません。

❼日付は改行し、1〜2文字分下げて書く

プライベートな手紙の場合は、「年」を省き「月日」だけを書くのが一般的です。

❽差出人の名前は日付の次の行の行末に

家族の代筆で書くときは、本来の差出人名の左下に小さく「内（妻が夫の代筆をする場合）」または「代（代筆全般）」と書きます。

神田　友一
内

❾あて名は行頭から大きめの文字で

敬意をあらわすため、本文や差出人名よりやや大きめの文字で書くとよいでしょう。連名の場合は、それぞれに敬称（様）をつけます。2人目に「様」をつけなかったり、一つの「様」を共用させるのは失礼です。

お祝い(入学祝い)の送り状 本人→親戚

あて名

❶ 早苗様

前文(はじめのあいさつ)

❷ □桜の便りが聞かれるころとなりましたが、
❸ 皆様にはお元気でお過ごしのことと存じます。
日ごろは、ご無沙汰ばかりでまことに申しわけ
ありません。❹私どもも、皆変わりなく過ごしてお
ります。

主文(手紙の目的=お祝い)

❺ □さて、4月には陽菜ちゃんもいよいよご入学
ですね。ほんとうにおめでとうございます。
□お子様の成長の大きな節目を迎えて、
早苗さんもほっと一安心なさっているのではな
いでしょうか。
□心ばかりではございますが、ご入学のお祝い
を同封いたしますので、お納めくださいませ。

末文(結びのあいさつ)

□三寒四温というのでしょうか、天候が定まら
ない日がつづいております。どうぞご自愛の上、
おすこやかにご入学のよき日をお迎えください
ますように。
□まずは書中にて、お祝いを申し上げます。

❻ かしこ□

あとづけ

❼ □□3月16日

❽ 神田　友子

❶相手に呼びかけるように書き始めてもOK

あらたまった手紙は縦書きにするのが基本ですが、親しい相手へは横書きにしてもかまいません。あて名から書き始めれば、相手に話しかけているような、親しみのこもった文面になります。ただし、あて名は、縦書きの場合と同じように、最後に書いてもOKです。

❷頭語は省いてもかまわない

「拝啓」などの頭語から書き始めるのは、手紙の絶対的なルールではありません。縦書きの場合でも、省いてもOKです。横書きの場合、時候のあいさつは「＊＊の候」ではなく、平易な表現のほうがふさわしいでしょう

❸相手側をさす言葉（皆様、お子様など）を行末にしない

縦書きの場合と同じです。行末になりそうなときは言葉の入れかえか、または改行で調整します。

❹自分側をさす言葉（私どもなど）を行頭にしない

③と同様に調整します。

❺主文は、改行して1文字分下げて書き始める

その後も必要に応じて改行します。メール文の要領で、改行のたびに1行あけて読みやすくしてもよいでしょう。

❻「かしこ」も行末より1文字分上の位置に

頭語を省く場合は、女性なら「かしこ」で結ぶとまとまりがよくなります。ただし、仕事上の相手への手紙には「かしこ」は用いません。

❼日付は算用数字で書く

行頭から1〜2文字分下げて書きます。お祝いの手紙では「3月吉日」としてもOKです。

❽差出人の名前は最後に

メールでは、冒頭に自分の名前を名乗りますが、手紙では、自分の名前は最後に書くのがルールです。

はがき通信面の文字の配置

【無地はがき・けい線入りはがきの場合】

お礼の品の送り状　本人→友人

前文（はじめのあいさつ）｜主文（手紙の目的＝お礼と送付の案内）｜末文（結びのあいさつ）

❶□街がクリスマスのイルミネーションに彩られる季節となりました。
❷□先日、＊＊を訪れました際には、あたたかいおもてなしにあずかり、ほんとうにありがとうございました。
□きょう、デパートを歩いていましたら、美由紀さんのお好きそうな和菓子を見つけましたので、別便にて少々送らせていただきました。皆様でお召し上がりいただければ幸いです。
□また、近いうちにお目にかかり、楽しいお話ができることを祈りつつ、❸一筆お礼まで。

❶頭語と結語は省いてもよい
はがきは、手紙にくらべると略式の手段です。「拝啓」「敬具」は「つつしんで申し上げます（ました）」というあらたまった意味を持つ言葉ですから、はがきでは省いてもかまいません。ただし、ビジネス上の連絡やあいさつ状では頭語と結語を入れるほうがていねいな印象になります。

❷適宜改行しながら書き進める
便箋に書く場合と同じです。

❸結びの言葉は簡潔に
「まずは＊＊まで」「とり急ぎ＊＊を申し上げます」程度の簡単なあいさつで結ぶのが自然です。

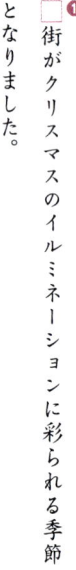

【イラスト入りはがきの場合】

お中元のお礼状　本人→友人

○例

このたびは、ごていねいなお心遣いをいただき、
まことにありがとうございました。
このところ夏バテ気味でしたが、
のどごしのよい＊＊は、何よりの
ごちそうとなりました。
　ご夫妻とも、お変わりなくお元気で
お過ごしのようでなによりと存じます。
　また近いうちにお二人で拙宅に遊びに
いらしてくださいませ。
　暑さ厳しき折ですが、ご自愛を祈りつつ、
まずは御礼申し上げます。
かしこ

◎イラスト部分に文字が重ならないように書く

文章の区切りがよいところで、随時改行しながら書きます。「ご夫妻」など、相手側をさす言葉が行末にならないよう、また「拙宅」など、自分側をさす言葉が行頭にならないように注意しましょう。

×例

このたびは、ごていねいなお心遣いをいただき、まことにあ
りがとうございました。このところ夏バテ気味でしたが、
のどごしのよい＊＊は、何よりのごちそうとなりました。
　ご夫妻とも、お変わりなくお元気でお過ごしのようでな
によりと存じます。
　また近いうちにお二人で拙宅に遊びにいらしてください
ませ。
　暑さ厳しき折ですが、ご自愛を祈りつつ、まずは御礼申
し上げます。
かしこ

◎無地のはがきに書くようなレイアウトだと読みにくい

イラストと文字が重なってしまうと読みにくく、せっかくのイラストが台なしです。また、印刷によっては、インクがイラスト部分にのらずに、紙を汚してしまうこともあります。

一筆箋の書き方

【あらたまった相手への基本（無地、けい線入りの一筆箋）】

日常的な連絡　親→子どもの学校の先生

❶山本先生
❷□いつもお世話になっております。卓也ですが、昨日よりかぜぎみで、今朝も微熱があります。
□登校はさせますが、体育の授業は見学させていただきたく存じます。どうぞよろしくお願いいたします。
❸五年一組　中村□

❶相手の名前から書き始める

一筆箋に書式のルールはありませんが、あて名から書き始めると、相手に呼びかけているような親しみのある文面になります。

❷基本的には改行ごとに1文字分下げる

数行の短い文章なので、段落を作らなくてもかまいません。ただ、子どもの学校の先生や仕事上の相手など、ややあらたまった相手には、通常の手紙のように改行ごとに1文字分下げて書き進めるとよいでしょう。

❸自分の名前は最後に

文例ではクラス名も入れていますが、相手によっては姓名だけ、あるいは下の名前だけでもOKです。

【親しい相手への基本（地模様タイプの場合）】

品物を贈るときの添え状　本人→友人

❶親しい相手にはふだん呼びかけているように

フルネームでなく、下の名前だけでもOKです。また「様」を使わず「さま」「さん」あるいは「ちゃん」など、ひらがなにすることでソフトな印象になります。

❷無地感覚の一筆箋なら区切りのよいところで改行しながら書く

親しい相手には、好みの色柄のものを使って、季節感や気分を表現するのも楽しいものです。

全体に地模様が入っているような柄の場合は、無地の場合と同じように、区切りのよいところで改行しながら書きます。

知美さま
❷
お電話でお話しした、コンサートのチケットを
お送りします。日程がせまってからのご連絡でしたが、
ご都合がついてよかったわ。楽しんできてくださいね。
また、近いうちランチをごいっしょしましょう。
佐和子

【親しい相手への応用（イラストタイプ）】

軽いお礼メッセージ　本人→友人

佐和子さま
先日は、思いがけずチケットをいただきうれしかったわ。
すばらしいピアノ演奏を心ゆくまで堪能してきました。
ささやかなお礼をお送りします。
お口に合うとうれしいのですが。
知美

❶

❶絵柄を避けて書き進める

はっきりした絵柄の場合は、上に文字がのらないように書きます。書き始める前に、文字の配置や改行する場所の目安をつけておきます。

あて名と差出人の書き方1　和封筒・基本

【表・あて名】

郵便番号枠をガイドラインにして文字の配置をそろえると書きやすい

❶【住所の位置】
郵便番号枠の右4ケタの幅内におさめるように書くのが目安。

❷【住所1行目】
枠の1cmほど下から住所を書き始める。

❸【住所2行目】
少し行頭を下げ、1行目より小さめの文字で書く。

❹【名前】
郵便番号枠の左から2つ目が封筒のほぼ中央。名前はその中央線の上に、住所よりも大きめの文字で書く。

❺【敬称】
「様」が住所の行末より下になるようにすると、バランスよく見える。

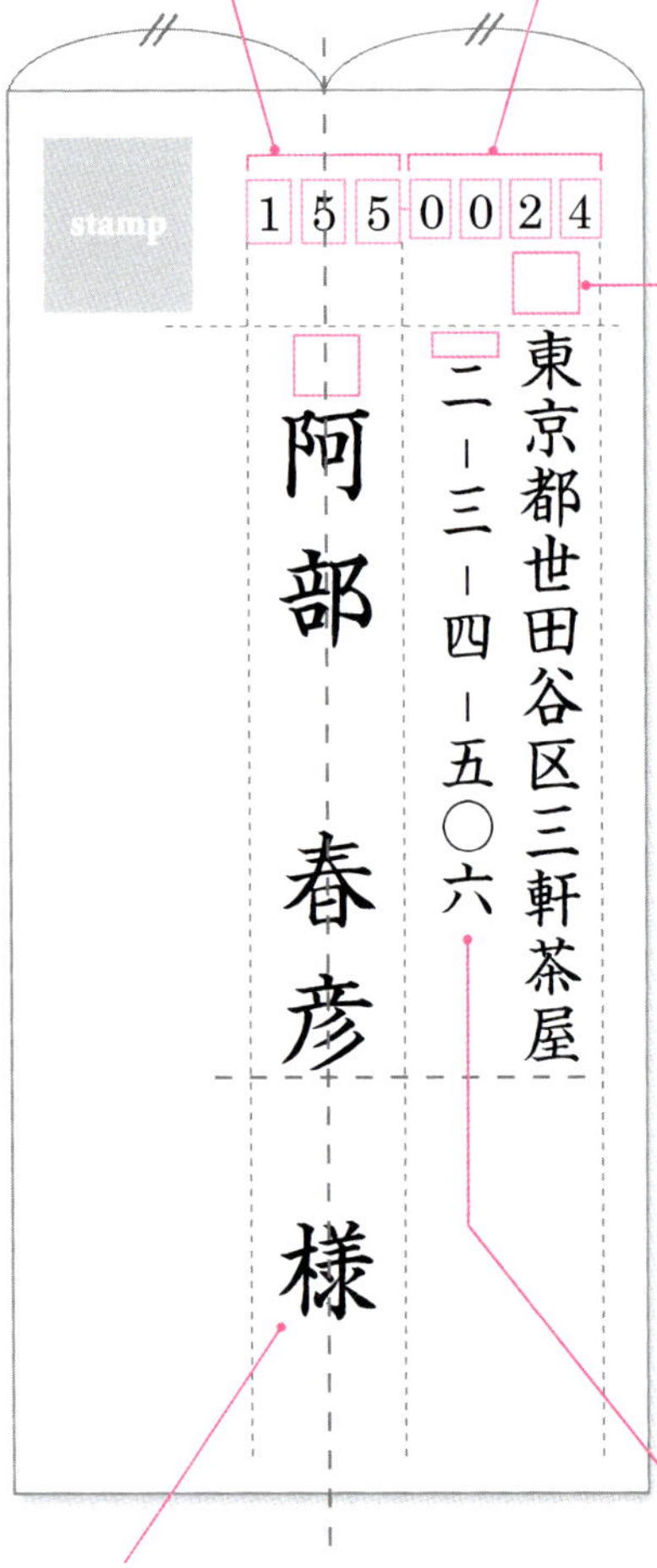

【裏・差出人の住所氏名】

現在は住所氏名ともに左側に寄せて書くのが一般的

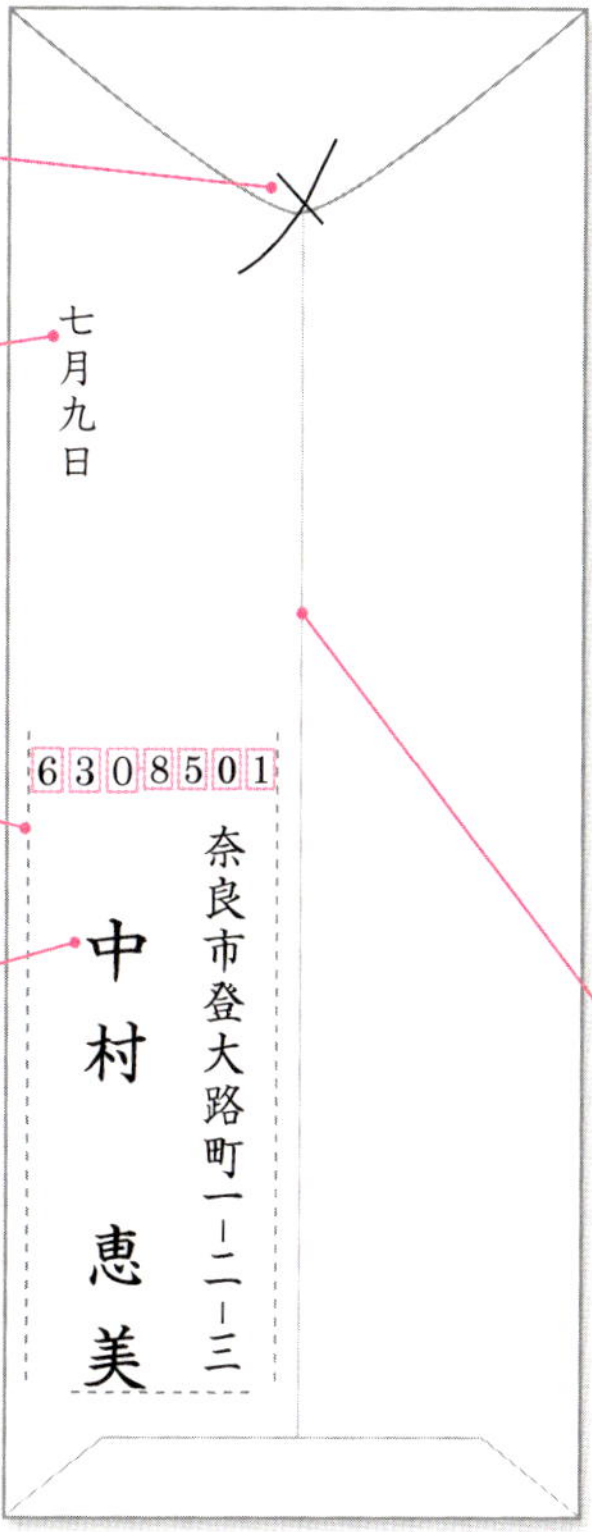

❺【封字】
「きちんと封をしました」という意味で、ふたと本体の両方にかかる位置に「〆」と書く。

❹【日付】
郵便番号枠の上部に書く。

❶【位置】
郵便番号枠が印刷されている場合は、枠の幅内に住所氏名がおさめるように書く。

❷【名前】
住所より大きめの文字で。最後の文字が住所の行末と同じ、またはやや下になるようにすると美しく見える。

❸【封筒の継ぎ目】
正式には、封筒の継ぎ目の右に住所、左に名前を書くが、現在は郵便番号枠の印刷に合わせて左側に寄せて書くのが主流。

封筒の継ぎ目の左右に住所と氏名を分けて書くのが本来の方法

左のように書くのが本来のしきたりでした。しかし、現在は、郵便番号枠が左側に印刷されている封筒が一般的になり、マナーも変化しています。

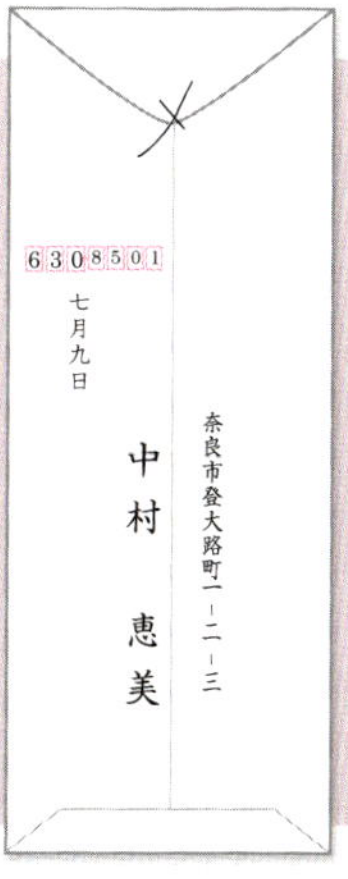

あて名と差出人の書き方2　和封筒・応用

【会社あてに出すとき】

役職名(肩書き)は名前の上に小さく書く

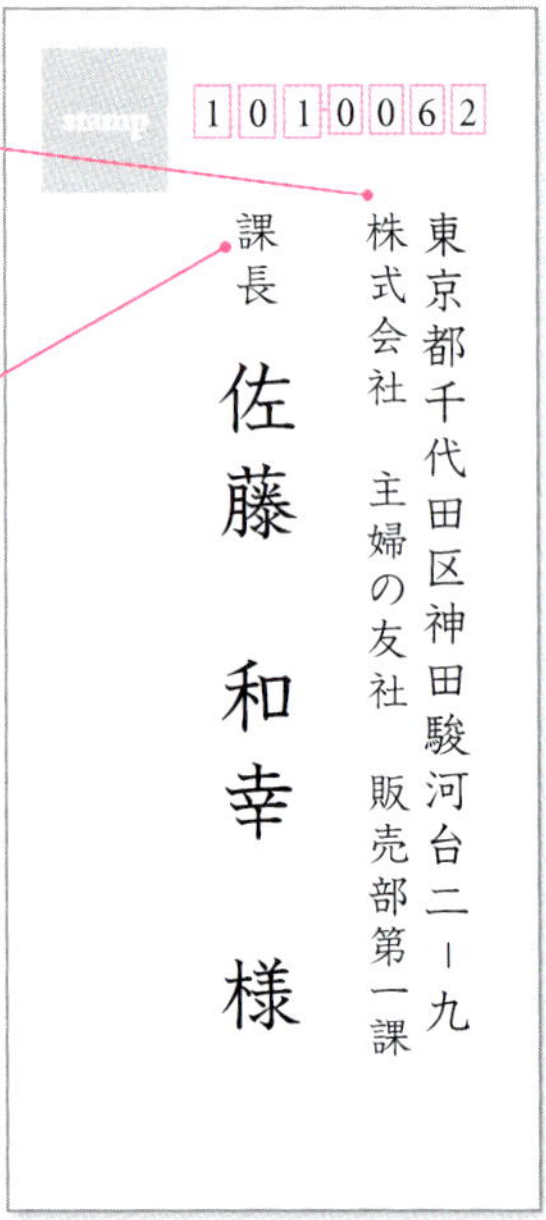

❶【社名】
行頭から書く。(株)などと略さずに正式な社名で。

❷【役職名】
名前の上に小さい文字で書く。

【役職名が長いとき①】

区切りのよいところで改行して2行にする

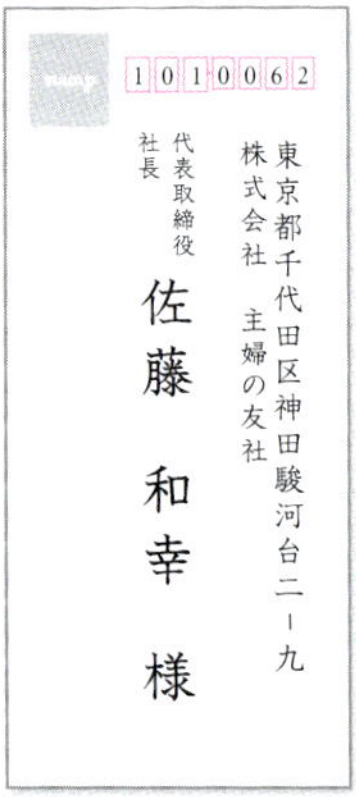

【役職名】
「代表取締役社長」など5～10文字の場合は「代表取締役」「社長」と2行にする。

【役職名が長いとき②】

名前の右に小さく添えてもよい

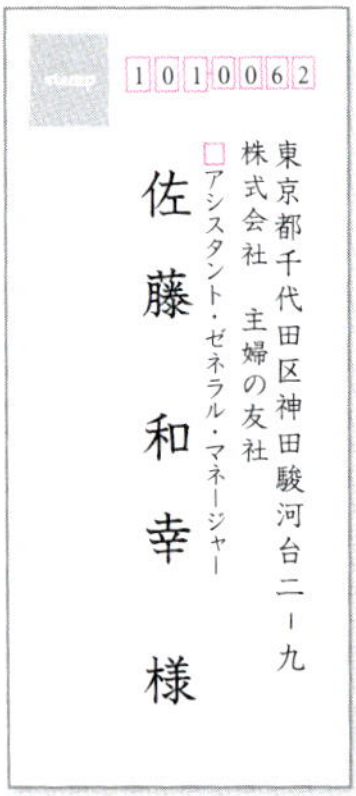

【役職名】
10文字以上の場合は、社名・部署名の次の行に1文字分程度下げて書く。

【あて名を連名にするとき】

「様」などの敬称は一人ずつにつける

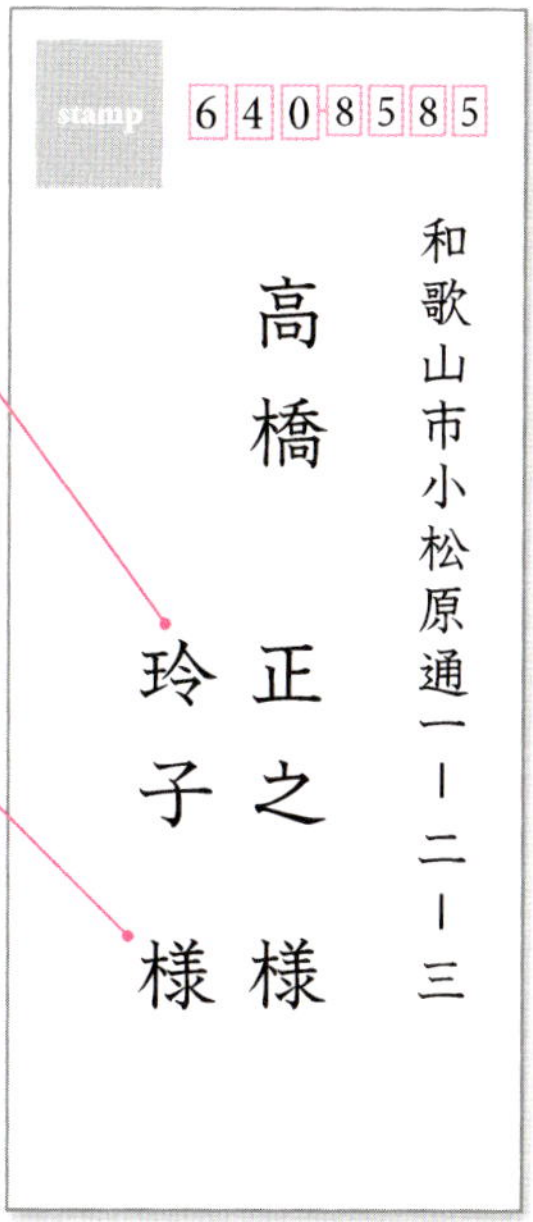

❶【連名】
夫婦など、同姓の場合は、下の名前だけを並べて書く。

❷【敬称】
２人分を兼用させて「様」を１つだけ、あるいは２人目の名前に「様」をつけないのはＮＧ。

【寄宿先（里帰り出産中の女性や、子どもの家に同居する親あて）に送るとき】

相手は「○○様方」、自分なら「△△方」

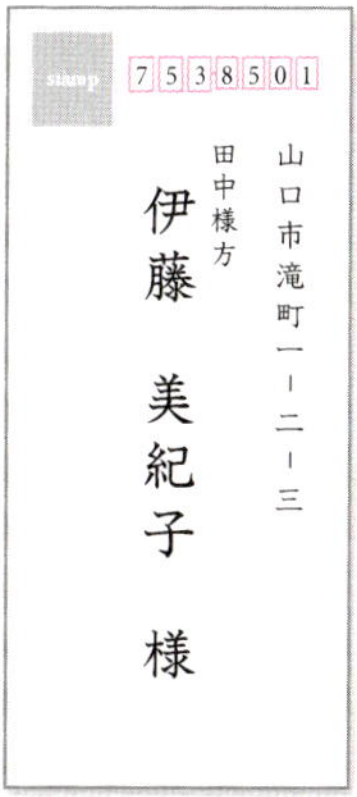

【寄宿先】
あて名の右肩に小さく「○○様方」と書く。

【家族の代筆で出すとき】

代筆であることを明記する

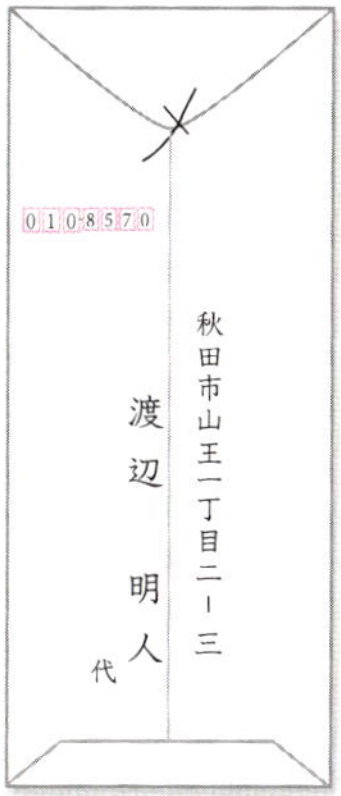

【代筆】
本来の差出人名を書き、左下に小さく「代」と書く。妻が夫の代筆をする場合には「内」または「内　由美子」などとすることもある。

あて名と差出人の書き方3　洋封筒（洋形2号など）

【洋封筒に縦書き（表）】

幅広なので、行間のバランスを考えて書く

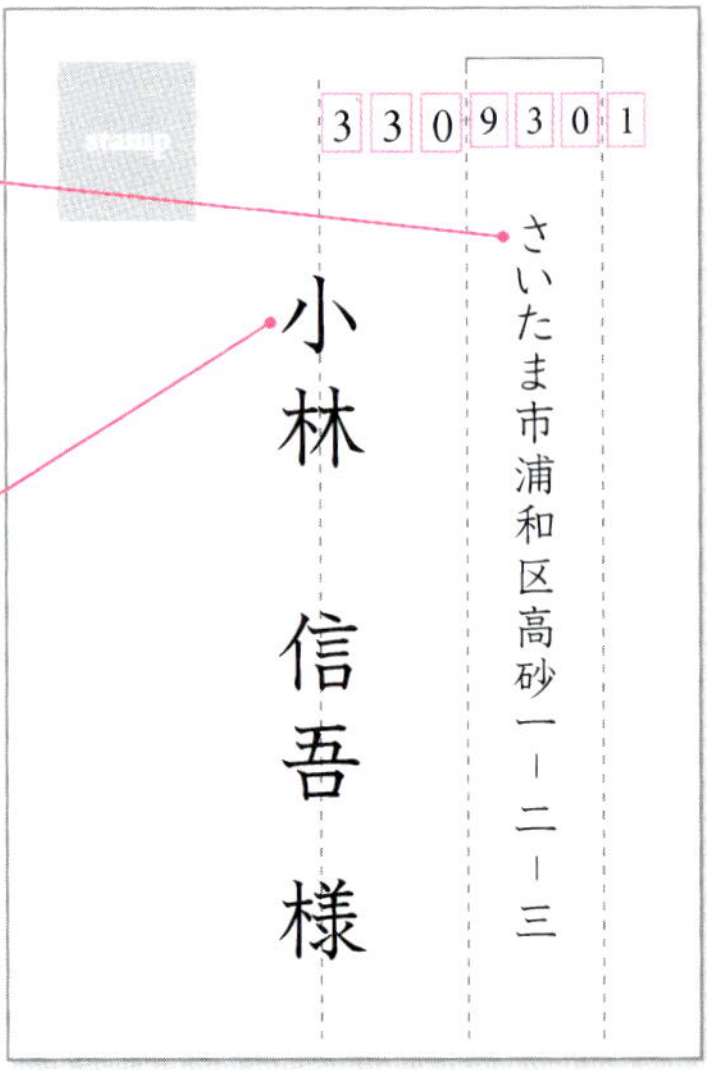

❶【住所】
郵便番号枠の右3ケタ分の幅内に書く。和封筒より幅広なので、バランスに注意。

❷【名前】
郵便番号枠の左端が、封筒のほぼ中央。名前はその中央線の上に、住所よりも大きめの文字で書く。

【洋封筒に横書き（表）】

封筒を縦長においたとき左上になる場所に切手をはる

❶【切手】
読みとりシステムの都合上、洋封筒を横おきで使う場合は右上に切手をはる。

❷【あて名】
封筒の中央線より下になるように書くと重心が定まり、バランスよく見える。

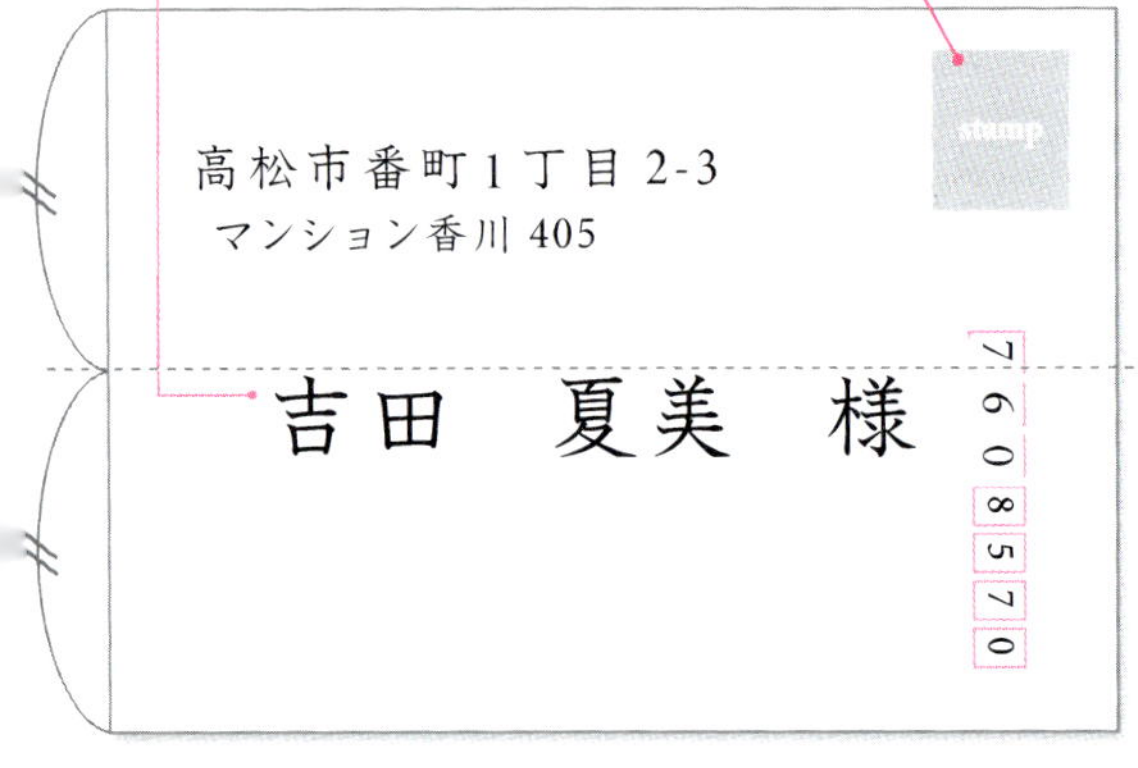

【洋封筒に縦書き（裏）】
封字（〆）は書かなくてもよい

❶【住所氏名】
封筒の継ぎ目に文字がかからないように書く。

❷【封字】
洋封筒の場合は「〆」は書かなくてもよい。欧米では「〆」などの封字ではなく、シーリングワックスというロウを封のしるしにしていたため。また「〆」が「×」に見え、あらぬ誤解を生むこともある。

【洋封筒に縦書き（裏・弔事の場合）】
左からふたをかぶせる向きで使う

【封筒の向き】
不幸のときは、通常と逆の「左封じ」にするという日本の慣習にならって、封筒も逆向きに使う。この場合は、郵便番号枠が印刷されていない封筒を選ぶ。

【洋封筒に横書き】
横書きの場合は、算用数字を使う

【住所氏名】

縦書きの場合と同様、封筒の継ぎ目に文字がかからないように書く。住所の枝番や日付は算用数字を使うのが自然。

あて名と差出人の書き方4　はがき

【通常はがき・はがき箋（裏が通信面）】

郵便番号枠の幅の中にあて先をおさめるように書く

❶【住所】
郵便番号枠の右３ケタ分の幅内におさめるように書く。

❷【名前】
郵便番号枠の左端と２つ目の間がほぼ中央。名前はその中央線の上に、住所よりも大きめの文字で書く。

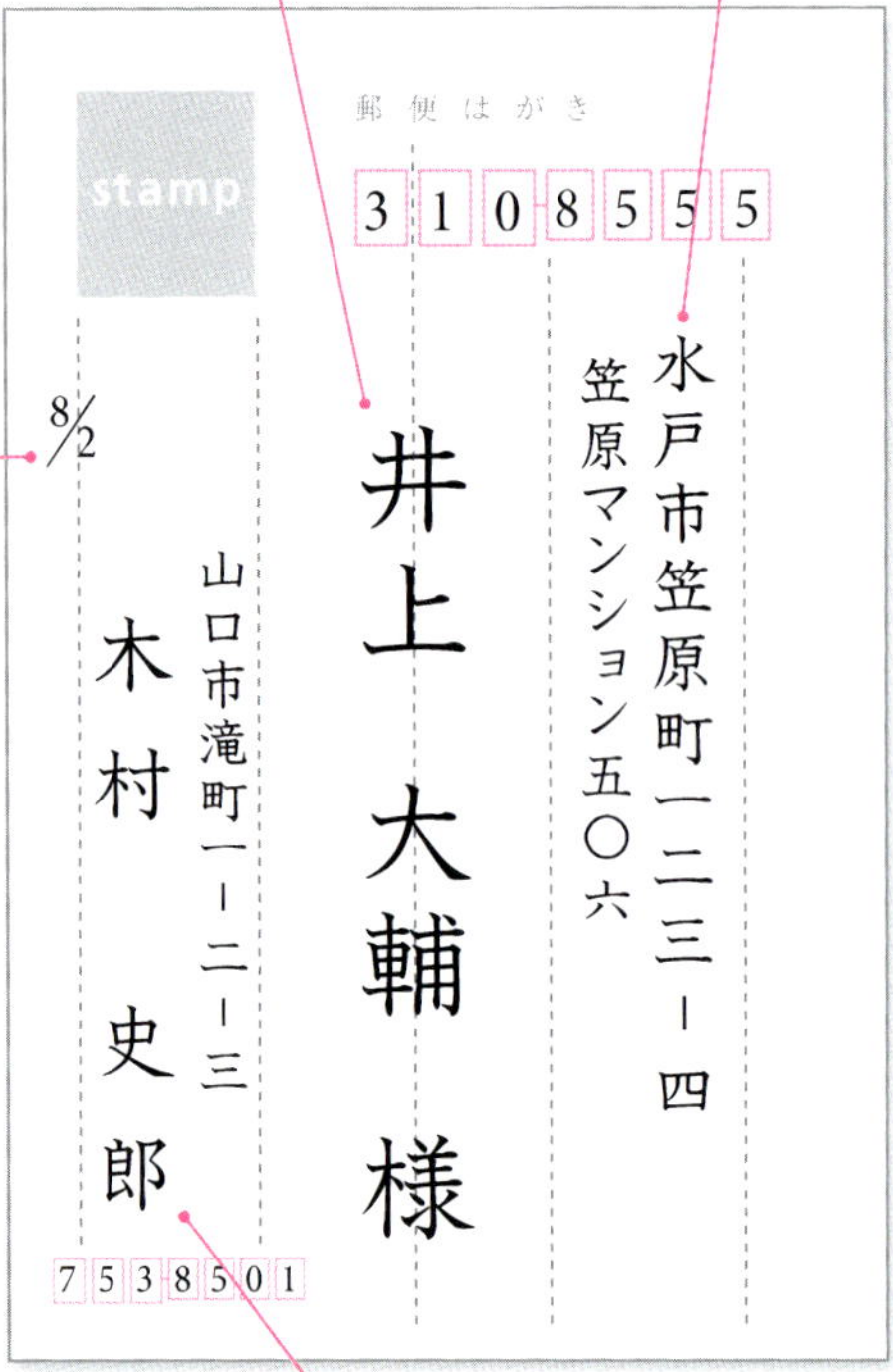

❸【差出人】
切手部分の幅内におさめるように書く。

❹【日付】
スペースがあれば「〇月〇日」とするのがよいが、はがきの場合は略記してもよい。

【絵はがき・ポストカード（縦書き）】

はがきの上半分にあて先と差出人の両方を書く

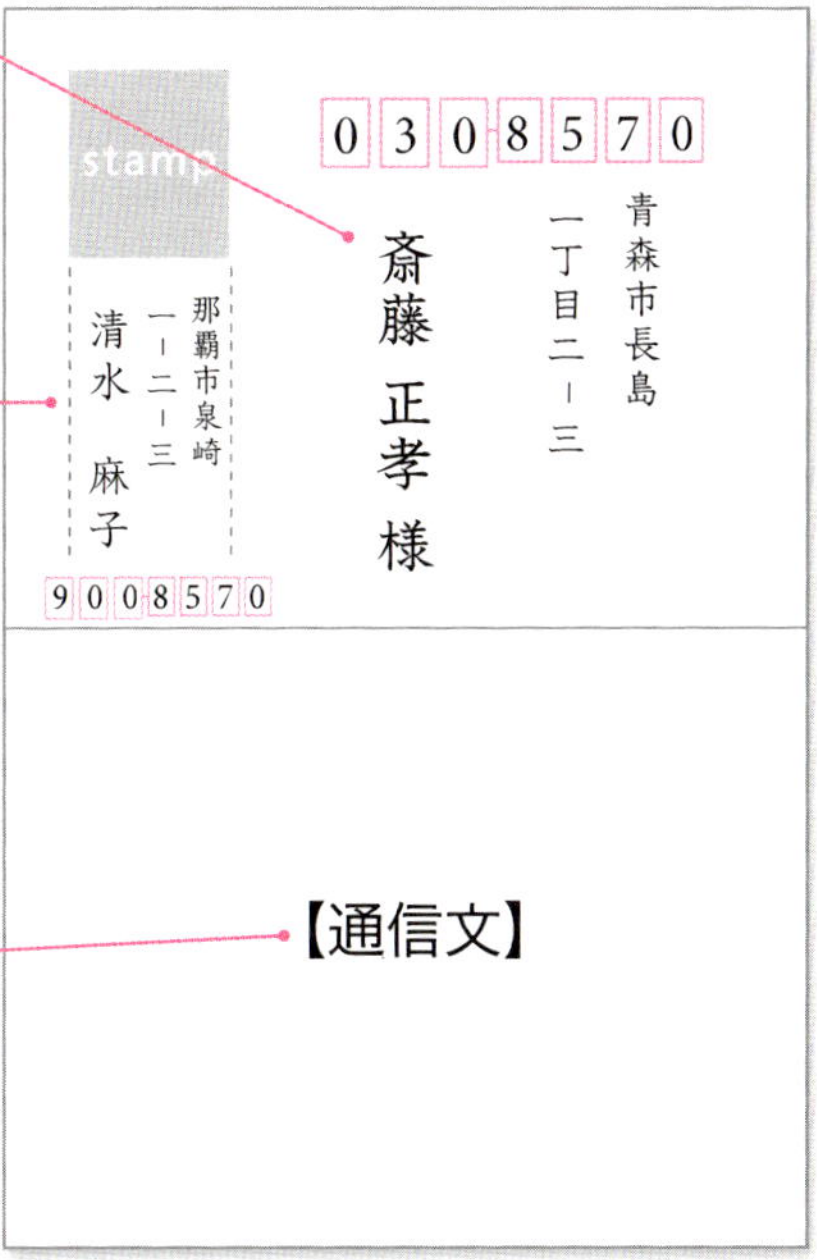

❶【あて名】
スペースが小さいので、バランスを考えたあとで書き始める。

❷【差出人】
切手部分の幅内におさめるように小さめの文字で書く。

❸【通信文】
はがきの下部２分の１を超えないように書く。

【絵はがき・ポストカード（横書き）】

左側に文章を書き、右上に切手をはる

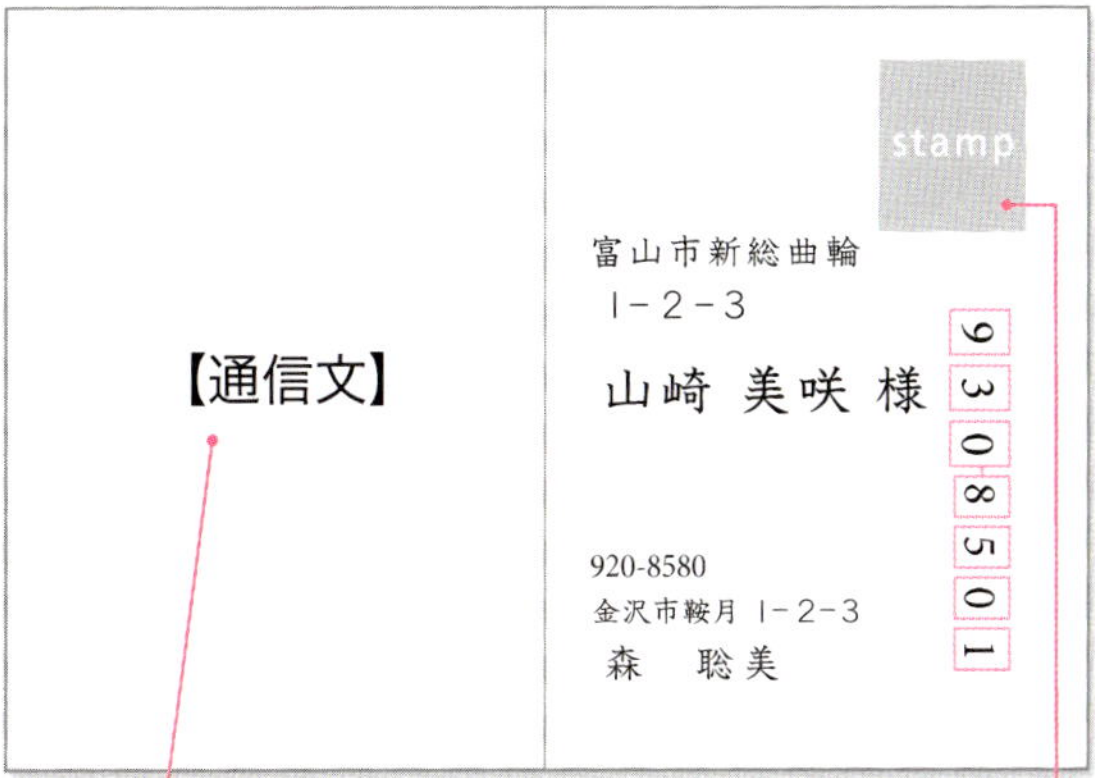

❶【切手】
表書きと方向をそろえてはる。

❷【通信文】
はがきを横長に使う場合は、あて名が右側、通信文が左側になる。

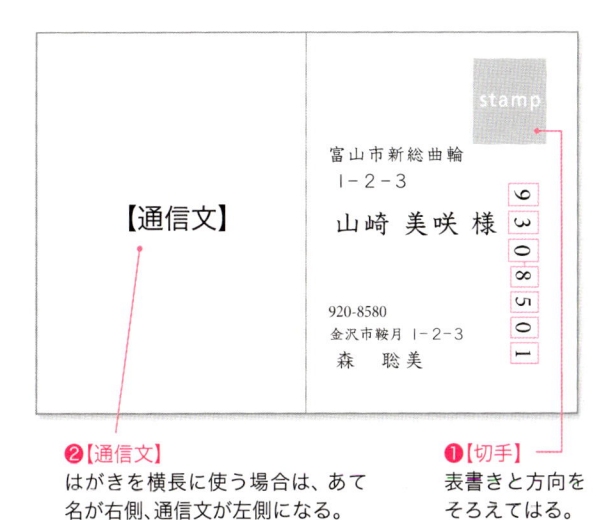

便箋の折り方と封筒への入れ方

◉相手が便箋を開いたときに書き出し部分が目に入るように折って入れる

便箋の折り方と入れ方にもルールがあります。折り方は何通りも考えられますが、相手が読みやすいようにするのが基本。封筒の裏側から見て、書き出し部分が右上になるように入れます。

また、相手が開封するときに、便箋をハサミで切ってしまうと読みにくくなります。折り山が上向きにならないようにし、封筒の下端までさし入れましょう。

封筒のふたをのりづけするときは、便箋部分にまではみ出さないよう注意します。プライベートの手紙では、セロハンテープやホチキスで止めることはしません。

【和封筒の場合】

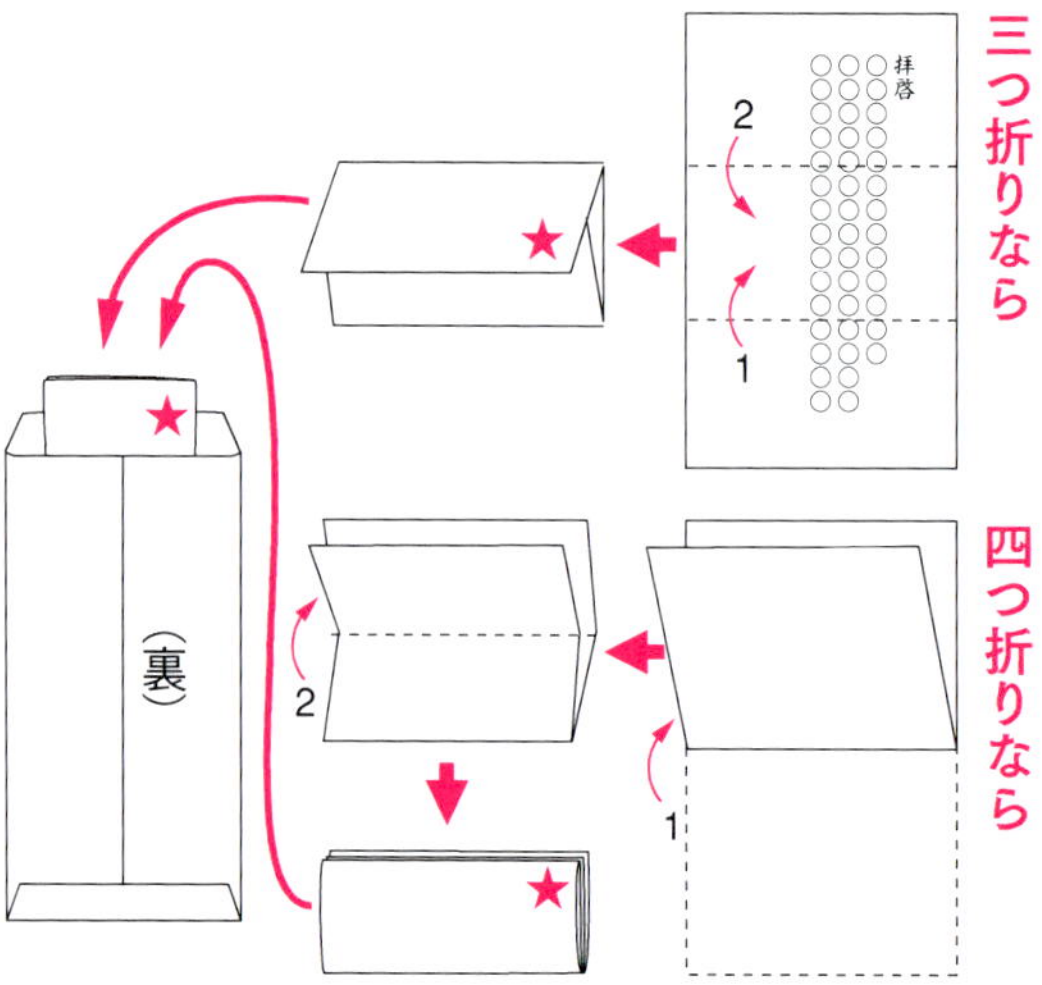

※★が見えるように入れる。

【洋封筒の場合】

横書きなら

縦書きなら

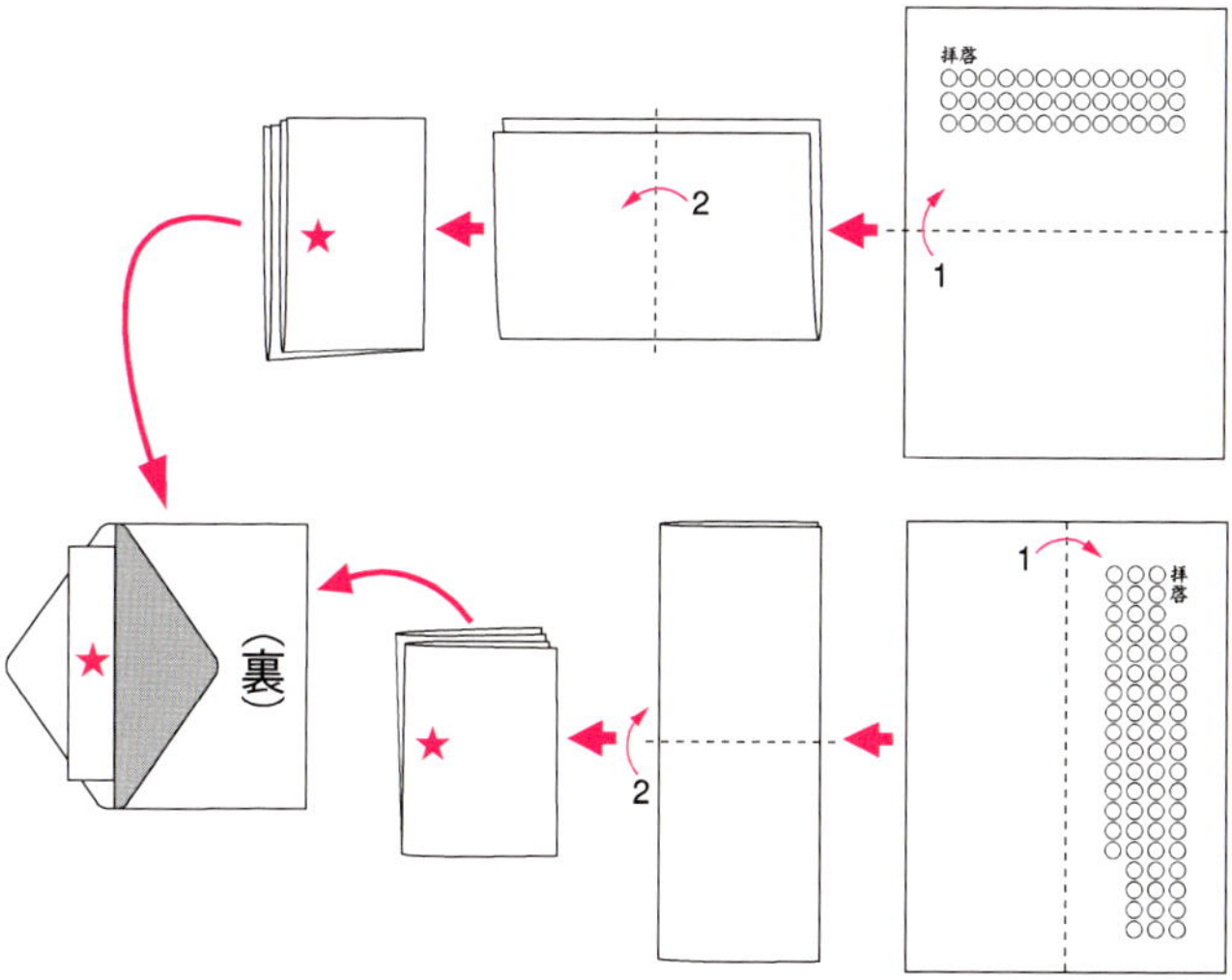

ビジネス文書で用いる「外三つ折り」はNG

ビジネス文書では、件名や内容がすぐ目に入るように、書き出し部分を外にして折ることがあります。しかし、手紙は必ず、文面を内側にする「内三つ折り」にします。

×パンフレットのような折り方はしないこと

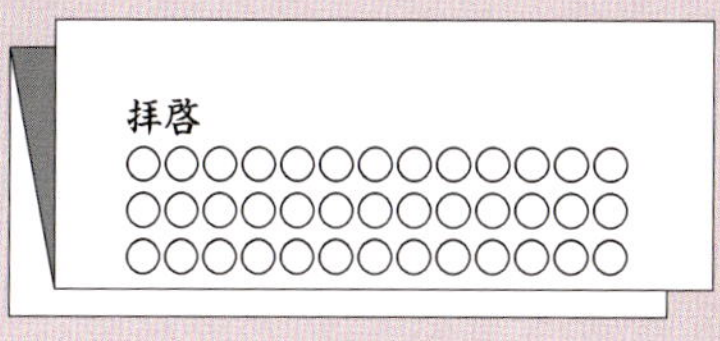

手紙文は始めと結びのあいさつが大事です

手紙文は、基本的に次の４つのブロックから構成されます。この形式が苦手という声もよく耳にしますが、ふだん相手と話すときに「こんにちは」と話し始め、「ではよろしくお願いいたします」と結ぶのと実は同じです。

各ブロックには、いくつかの要素がありますが、すべて入れなくてはならないわけではありません。必須の★以外は適宜アレンジしてＯＫです。

【そのまま使える！　手紙の基本的な構成】

※時候（季節のあいさつ）を調整すれば、目的を問わずに使える構成です。

内容		話し言葉では	手紙での文例	説明ページ
前文	①頭語	こんにちは	①拝啓　②朝夕はいくぶん過ごしやすくなってきましたが、③皆様にはお元気でお過ごしのことと存じます。	38
	②時候（季節）のあいさつ	あたたかくなりましたね		40
	③安否のあいさつ★	お元気でしょうか		52

前文	④感謝やおわびのあいさつ★	いつもお世話になっております ご無沙汰ばかりで申しわけありません	④日ごろはなにかとお心にかけていただき、心より感謝しております。	54
主文	⑤手紙の用件	きょうご連絡しましたのは……	⑤さて、（手紙の用件を書く）	
末文	⑥結びのあいさつ	おからだに気をつけて	⑥季節の変わり目ですので、お風邪などお召しになりませんよう、どうぞご自愛ください。⑦まずは書中にて御礼（お祝い／お願いなど手紙の目的を書く）申し上げます。 ⑧敬　具	56
	⑦締めくくりの言葉	よろしくお願いいたします		
	⑧結語	さようなら		38
あとづけ	⑨日付		⑨九月八日	
	⑩差出人名（とあて名）		⑩池田　俊夫	

頭語と結語は、短い手紙では省いてもOKです

◉頭語と結語を使うなら「拝啓」「敬具」が無難

頭語は、話し言葉の「こんにちは」にあたる書き出しの言葉で、手紙では「拝啓」が代表格です。結語は「さようなら」にあたる言葉で、手紙では「敬具」などがあります。

左ページの表のように、手紙の内容によって、頭語と結語は組み合わせ方が決まっています。ふだん、よく目にするのは「拝啓―敬具」と、あらたまった手紙に用いる「謹啓―謹言（または謹白・敬白）」でしょう。ただ、短い手紙は、簡潔に用件を伝えるのが目的の場合が多いので、頭語は必ずしも必要なく、使うとすれば「拝啓―敬具」が無難です。「謹啓」で始めるのは、仕事上の相手に出すあいさつ状などに限られます。

◉頭語と結語を省き、相手に話しかけるように書き始める方法も

頭語と結語は、手紙の形式にのっとった漢語表現ですから、礼儀正しい反面、かた苦しさを感じさせることもあります。

ストレートにメッセージを伝える短い手紙の場合、略式の手段であるはがきに書く場合、また、やわらかい印象を与えたい女性の手紙などの場合は、あえて頭語・結語を省略するのも一法です。

左の表内の赤字表現を使うか、「梅雨明けが待ち遠しいころとなりましたが」など相手に話しかける調子で書き始め、「まずは＊＊まで」と結ぶことで、親しみのこもった手紙になります。

【頭語と結語の組み合わせ】

手紙の種類	具体的な例	頭語	結語
一般的な手紙	贈答品やお祝いへのお礼	**拝啓**／拝呈／啓上 一筆申し上げます	**敬具**／敬白／拝具 かしこ
あらたまった手紙	目上の人への込み入った用件でのお礼	**謹啓**／謹呈／恭啓 謹んで申し上げます	**謹言**／**謹白**／**敬白** かしこ
前文を略す手紙	親しい相手へのお礼・はがきでのお礼	**前略**／冠省 前略ごめんください	**草々**／不一 かしこ
急用の場合	とり急ぎお礼を述べたいとき	**急啓**／急呈 とり急ぎ申し上げます	**草々**／不一 かしこ
相手の手紙への返信	送り状や祝い状をいただいているとき	**拝復**／復啓／謹復 お手紙ありがとうございました	
初めて手紙を出すとき	人を介して紹介を受けた人へのお礼	初めてお便りをさし上げます 突然お手紙をさし上げる失礼をお許しください／**拝啓**	**敬具**／敬白／拝具 かしこ
重ねて手紙を出すとき	依頼状のすぐあとにお礼状を出すとき	**再啓**／重ねて申し上げます	

※**太字**はよく用いられる組み合わせです。
※赤字は主に女性が使うやわらかい表現で、ビジネスシーンでは用いません。

時候のあいさつ 1月

言葉のヒント

鏡開き(11日)　成人の日(第二月曜)　初詣　初夢
お年玉　福袋　門松　しめ飾り

漢語調のあいさつ

1月ならいつでも●寒冷の候／●厳冬の候

初旬向き●新春の候／●初春の候／●小寒の候

下旬向き●晩冬の候／●大寒の候

話し言葉調のあいさつ

●皆様には、おすこやかな新年をお迎えのこととお喜び申し上げます。(上旬向き)

●寒さが一段と厳しく感じられる昨今でございますが、皆様ご健勝にお過ごしのこととお喜び申し上げます。

●大寒に入り、冷気がひときわ感じられるころとなりました。

●寒中お伺い申し上げます。◆

●ご家族おそろいで、おだやかなお正月をお迎えのことと存じます。

●寒中お見舞い申し上げます。◆

●松の内も過ぎ、ようやく街もいつもの動きをとり戻したように感じられます。

●厳しい寒さの中、福寿草の花が、ひと足早く春の訪れを告げているようです。

◆メモ

1月6日〜20日ごろの「小寒」、21日〜2月3日ごろの「大寒」を「寒中」と呼びますが、7日までは松の内(お正月期間)なので、それを過ぎてから「寒中見舞い」という言葉を使います。「見舞い」は敬語表現ではないので、目上の人には「寒中お伺い」とするのがていねいです。

●はあらたまった相手、内容の手紙向き、●は親しみをこめたい手紙向きの表現です。

時候のあいさつ　2月

言葉のヒント　節分・豆まき（3日ごろ）　バレンタインデー（14日）　うぐいすもち　受験　冬まつり

漢語調のあいさつ

立春前●立春の候／●晩冬の候

立春を過ぎたら●早春の候／●余寒の候／●浅春の候／●梅花の候

下旬向き●雨水（19日ごろ）の候／●解氷の候

話し言葉調のあいさつ

●余寒お伺い申し上げます。

●余寒なお厳しい折ではございますが、お変わりなくお過ごしのことと存じます。（立春後）

●梅のつぼみもほころび、寒気もいくぶんやわらいだように感じられます。

●春まだ浅いこのごろですが、皆様にはご健勝にお過ごしのこととお喜び申し上げます。

●余寒お見舞い申し上げます。

●梅の便りの聞かれるころとなりましたが、皆様お変わりなくお過ごしのことと存じます。

●立春も過ぎ、寒さもゆるんできたようです。

●かすかな春の兆しに心躍るころとなりました。

●春らしい日ざしがうれしい季節となりました。（下旬向き）

●お子様のご卒業も間近となり、なにかとお忙しい毎日をお過ごしのことと存じます。

◆メモ　北国ではまだ積雪も多く、立春を過ぎても気分はまだ冬。一方、南国では春の訪れを随所に感じるころです。手紙の相手の住む場所の気候を思いやり、マッチする表現を選びましょう。

時候のあいさつ　3月

漢語調のあいさつ

上旬向き●早春の候／●浅春の候／●弥生の候

中旬～下旬向き●春暖の候／●春陽の候／●春光の候／●萌芽の候／●仲春の候／●春分の候

話し言葉調のあいさつ

●ようやく春めいて、木々の芽もふくらみ始める季節となりました。

●花便りも届くころとなり、皆様にはおすこやかな春をお迎えのこととお喜び申し上げます。

●春光うららかな季節となり、皆様にはいよいよご清祥のこととお喜び申し上げます。

言葉のヒント

ひなまつり・桃の節句（3日）　春分の日（21日ごろ）　桜もち　選抜高校野球　春休み

●桃の節句も過ぎ、春らしい日ざしが感じられるころとなりました。

●春風がうれしい知らせを届けてくれました。このたびは＊＊おめでとうございます。

●春眠暁を覚えず、との言葉を毎朝実感するこのごろですが、皆様お元気でお過ごしのことと存じます。

●近くの大学は本日が卒業式。色とりどりの袴姿に昔の自分を重ねて懐かしくなりました。

◆メモ

3月は、卒業や異動などの季節。「お子様は今年ご卒業ですね」「＊＊に赴任なさって＊年になりますね」など、相手の環境を思いやる表現を添えるとあたたかみのあるあいさつになります。

●はあらたまった相手、内容の手紙向き、●は親しみをこめたい手紙向きの表現です。

時候のあいさつ 4月

言葉のヒント エイプリルフール（1日）　入学式・入社式　たけのこ　チューリップ　ゴールデンウイーク

漢語調のあいさつ

●陽春の候／●春暖の候／●麗春の候／
●仲春の候／●春爛漫の候／
●清明（＝5日ごろ）の候

相手の住むところの桜開花期に●桜花の候

下旬向き●惜春の候／●若葉の候

話し言葉調のあいさつ

●桜花爛漫の好季節となり、皆様にはご清栄にお過ごしのこととお喜び申し上げます。

●花の香りが満ちるころとなりましたが、皆様には輝かしい陽春をお迎えのこととお喜び申し上げます。

●新年度が始まり、ますますお忙しくご活躍のことと存じます。

●この春は、お嬢様がご入学ですね。おめでとうございます。

●真新しいランドセルを背負った子どもたちが、春の躍動感を伝えてくれるころとなりました。

●いよいよプロ野球開幕。昨年に続き、いい気分に浸りたいものですね。

●若葉のやわらかな緑が、目にやさしい季節となりました。（下旬向き）

◆メモ

桜の開花時期は、地域によって3月下旬～5月上旬とまちまち。時候のあいさつに用いる場合は、相手の住んでいる土地の状況を頭に入れて書くことが大事です。

●はあらたまった相手、内容の手紙向き、●は親しみをこめたい手紙向きの表現です。

時候のあいさつ　5月

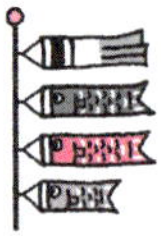

言葉のヒント

八十八夜（2日ごろ）・新茶　こどもの日・端午の節句・菖蒲湯（5日）　母の日（第二日曜）

漢語調のあいさつ

●新緑の候／●薫風の候／●若葉の候／●万緑の候／●惜春の候

下旬向き●初夏の候／●軽暑の候

話し言葉調のあいさつ

●行く春を惜しみながらも、さわやかな風のうれしい季節となりました。

●風薫る季節を迎え、ますますご隆盛のこととお喜び申し上げます。

●吹き渡る風にも、初夏の香りが感じられるころとなりました。

●緑が、ひと雨ごとに鮮やかさを増してくるこのごろでございます。

●五月晴れの空に、こいのぼりが元気よく泳いでいます。（5日まで）

●若葉をわたる風がすがすがしい毎日、おすこやかにお過ごしのことでしょうね。

●新しい生活にも慣れ、お元気に活躍のことと存じます。

●一年ぶりの新茶のおいしさを楽しめるころとなりました。

●オープンカフェが街に似合う季節になりましたね。

◆メモ

ゴールデンウイーク、こどもの日、母の日と、家族が主役になる行事の多い月です。相手の家族を思いやるひと言を添えるのもよいでしょう。

時候のあいさつ　6月

言葉のヒント

父の日（第三日曜）　夏至（22日ごろ）　衣がえ　あじさい　ボーナス　田植え　さくらんぼ

漢語調のあいさつ

●入梅の候／●初夏の候／●深緑の候／●薄暑の候／●黄梅の候／●向暑の候

話し言葉調のあいさつ

●入梅も間近とのことですが、皆様にはご清祥にお過ごしのこととお喜び申し上げます。

●夏服で登下校する中高生の姿に、ひと足早い夏の訪れを感じております。

●雨を受けたあじさいが、ひときわ鮮やかに輝いて見えるころとなりました。

●梅雨の晴れ間に、夏を感じさせる青空がいっぱいに広がっております。皆様にはおすこやかにお過ごしのことと存じます。

●木々の緑も色濃くなりましたが、お変わりなくお過ごしのことと存じます。

●黄梅の季節になりました。そろそろご自慢の梅干し作りにとりかかっていらっしゃるころでしょうか。

●ゆっくり読書を楽しんだり、こうして手紙を書いたり、ゆとりのある時間を過ごせるのも長雨のおかげでしょうか。

◆メモ

漢語調のあいさつとして「霖雨（りんう＝長雨のこと）の候」「麦秋（ばくしゅう＝麦の熟する初夏）」も以前はよく使われました。趣のある言葉ですが、相手によっては意味が通じにくいのが難点。季節感が連想しやすい表現を選ぶことも大事です。

●はあらたまった相手、内容の手紙向き、●は親しみをこめたい手紙向きの表現です。

時候のあいさつ 7月

言葉のヒント
海開き・山開き　七夕(7日)　ほおずき市(9～10日)　土用の丑　風鈴　うちわ　ビール

漢語調のあいさつ

●仲夏の候／●盛夏の候
上旬向き●向暑の候／●小暑の候
下旬向き●大暑の候／●炎暑の候

話し言葉調のあいさつ

●梅雨明けもまもなくとなり、皆様にはご清祥にお過ごしのこととお喜び申し上げます。
●長かった梅雨も明け、いよいよ本格的な夏の到来を迎えました。
●せみ時雨がにぎやかな季節となりましたが、ご一同様にはおかれましてはご健勝にお過ごしのことと存じます。
●暑中お伺い申し上げます。◆

●暑中お見舞い申し上げます。◆
●暑さひとしおに感じられるころとなりました。
●打ち水の涼気が嬉しい季節となりました。
●夏空がまぶしいころとなりました。
●お子様方も夏休みに入り、忙しくもにぎやかな毎日をお過ごしのことと存じます。
●昨日は花火大会に出かけ、夏の夜空を彩る大輪の花を存分に楽しんできました。

◆メモ
7月7日～22日ごろの「小暑」と23日～8月7日ごろの「大暑」の間を「暑中」と呼び、暑中見舞い(目上の方へは暑中お伺い)を出すのはこの時期です。8月8日ごろの立秋以降は、「残暑見舞い(お伺い)」となります。

時候のあいさつ　8月

言葉のヒント

終戦記念日（15日）　精霊流し（15日）　大文字焼き（16日）　盆踊り　高校野球　花火　せみ

漢語調のあいさつ

立秋前●暮夏の候／●晩夏の候

立秋後●大残暑の候／●残炎の候／●秋暑の候／●新涼の候／●早涼の候

話し言葉調のあいさつ

●残暑厳しき折ではございますが、皆様にはご健勝にお過ごしのこととお喜び申し上げます。

●残暑お伺い申し上げます。（以上2つは立秋を過ぎてから）

●立秋とは名ばかりの暑い毎日がつづきますが、＊＊様にはご健勝にお過ごしのことと存じます。

●吹く風に、かすかな秋の気配を感じるころとなりました。

●秋風が恋しいころとなりました。

●残暑お見舞い申し上げます。

●暑さもようやく峠を越したようで、朝夕はいくぶん過ごしやすくなってまいりました。

●お子様たちもご帰省なさり、にぎやかな夏をお過ごしのことと存じます。

●店先に並ぶ秋の味覚に、季節の変わり目を感じるころとなりました。

◆メモ

「酷暑（寒）の候」という表現も使われますが、「酷」は「ひどい」「むごい」とも読み、マイナスイメージが強いので、慶事の手紙の書き出しにはふさわしくありません。漢語調のあいさつでは、字の持つ印象に配慮することも必要です。

時候のあいさつ 9月

言葉のヒント

防災の日（1日） 敬老の日（第三月曜） 十五夜・中秋の名月・お月見 すすき こおろぎ

漢語調のあいさつ

上旬～中旬向き ●初秋の候／●新秋の候／●新涼の候／●早秋の候

中旬～下旬向き ●爽涼の候／●涼風の候／●爽秋の候／●秋晴の候／●秋涼の候

話し言葉調のあいさつ

●残暑お伺い申し上げます。◆

●初秋を迎え、朝晩はずいぶんしのぎやすくなったように感じられます。皆様にはおすこやかにお過ごしのこととお喜び申し上げます。

●二百十日もおだやかに過ぎ、秋の空が高く広がるようになりました。（二百十日＝立春から数えて210日、9月1日ごろ）

●残暑お見舞い申し上げます。◆

●涼風がわたり、少しずつ秋らしくなってまいりました。

●いまだ残暑がつづきますが、私は早くも「食欲の秋」到来、困ったものです。

●丹精された秋の花々に彩られた、あなたのお庭が目に浮かぶようです。

●高い空にいわし雲が浮かび、秋たけなわとなりました。

◆メモ

地域によっては、9月に入っても残暑がつづきます。しかし夏を思わせる「暑」を使うのは上旬までにとどめましょう。中旬以降は、たとえ暑くても「涼」「爽」などの秋らしい表現で。

●はあらたまった相手、内容の手紙向き、●は親しみをこめたい手紙向きの表現です。

時候のあいさつ　10月

言葉のヒント　衣がえ　赤い羽根（1日から）　体育の日（第二月曜）　ハロウィーン（31日）　きのこ狩り

漢語調のあいさつ

●仲秋の候／●清秋の候／●秋麗の候

紅葉の時期に●錦秋の候／●紅葉の候

下旬向き●秋冷の候／●霜降の候

話し言葉調のあいさつ

●秋色が深まりゆくころとなりましたが、皆様にはご清栄にお過ごしのことと存じます。

●山々が錦繍に彩られるころとなりました。

●日ごとに秋も深まってまいりましたが、ご家族様にはご健勝にお過ごしのこととお喜び申し上げます。

●木々の葉が美しい紅や黄金色に染まり、いよいよ秋も暮れようとしております。（下旬向き）

●ひんやりした秋の空気が、心身に気持ちがよい時節を迎えました。

●紅葉を求めて、きょうは夫婦で山歩きを楽しんでまいりました。

●高く澄んだ秋空が広がり、過ごしやすい毎日がつづいております。

●秋の到来とともに始めたウォーキングが、すっかり楽しい日課になりました。

◆メモ

晩秋は「落ち葉」「木枯らし」「日が短くなる」などの表現を使いたくなることもあります。しかし「落」「枯」「短」などの文字を使うと文面が暗くなってしまいます。「葉が黄金色に」「秋が深まる」などと言いかえるとよいでしょう。

●はあらたまった相手、内容の手紙向き、●は親しみをこめたい手紙向きの表現です。

時候のあいさつ 11月

言葉のヒント

文化の日(3日) 七五三(15日ごろ) 菊花展 酉の市 コート こたつ 漬け物

漢語調のあいさつ

●向寒の候/●深冷の候

立冬(7日ごろ)前●菊香の候/●菊花の候/●晩秋の候/●暮秋の候

話し言葉調のあいさつ

●冬が間近とは思えない、おだやかな小春日和がつづいております。(立冬前に)◆

●初霜の便りの聞かれるころとなりましたが、皆様にはご清祥にお過ごしのこととお喜び申し上げます。

●過ぎゆく秋を惜しむころとなりました。

●窓から望む＊＊山は、すっかり冠雪し、冬の装いとなりました。(下旬向き)

●陽だまりの恋しい季節となりましたが、お変わりなくお過ごしのことと存じます。

●お嬢様は七五三のお祝いですね。おめでとうございます。

●秋も深まり、ストールのあたたかさが身に染みる季節となりました。

●鍋料理と熱燗がうれしい時期になりましたね。

●いつの間にか、吐く息もすっかり白くなりました。(下旬向き)

◆メモ

「小春日和」とは、晩秋から初冬にかけての、あたたかくおだやかな晴天の日をさします。情緒のある表現ですが、相手によっては意味が通じない恐れもあるので留意しましょう。

時候のあいさつ 12月

言葉のヒント
冬至・ゆず湯・かぼちゃ（22日ごろ） ポインセチア 冬休み スキー・スケート・スノーボード

漢語調のあいさつ

●師走の候／●歳末の候／●初冬の候／●歳晩の候／●寒冷の候

話し言葉調のあいさつ

●例年にないおだやかな年の瀬となりましたが、皆様にはご清栄のこととお喜び申し上げます。

●師走に入ったとたん、めっきりと冷え込んでまいりました。

●本年も残すところわずかとなりましたが、ご家族一同様にはおすこやかにお過ごしのことと存じます。

●歳末を迎え、街ゆく人々の足どりも、心なしかあわただしく感じられるころとなりました。

●クリスマスのイルミネーションで街が華やぐ季節となりました。

●最近はサンタ役ばかりとはいえ、クリスマスが近づくとやはり気分が浮き立ちます。

●来年こそは、と反省することばかりの一年が、今年もまもなく暮れようとしています。

●行く年を惜しみながらも、新しい一年が待ち遠しいころとなりました。

◆メモ
12月になると「年の瀬（暮れ）も押し迫り」あるいは「押し詰まり」という表現を耳にします。後者のほうがより年末に近いニュアンスで用いられますが、圧迫感のある言葉なので、手紙のあいさつにはあまりおすすめできません。

安否のあいさつ～相手の無事を確信する表現で～

●「お元気ですか?」より「お元気のことと存じます」がベター

話し言葉では、相手の答えがすぐに聞けるため、「お元気ですか?」「順調ですか?」と質問することが多いものです。しかし、手紙の場合は、「お元気ですか?」という疑問文にすると、相手の返信を強要することになってしまいます。

あらたまった相手への手紙では、質問の形ではなく「お元気でお過ごしのこととお喜び申し上げます」などと、相手の無事を確信し、それを喜ばしく思っているという表現にします。

●「には」は「におかれましては」の省略表現

話し言葉では「＊＊様はお元気そうですね」と言いますが、手紙では「＊＊様はご清祥のことと」とは書きません。儀礼的な手紙で用いる「＊＊様にお(於)かれましては」を省略して「＊＊様には」としているからです。

●相手の状況に応じて表現をアレンジする

左表のA～Cは次のように使い分けます。

Aご清祥／ご清栄／ご健勝……相手が健康であることを喜ぶ言葉。個人あての手紙全般に。

Bご壮健……「元気盛んで達者」という意味なので、若い世代の相手に対しては使いません。

Cご隆昌／ご隆盛／ご活躍……「隆昌」「隆盛」は勢いが盛んという意味。仕事上の相手や事務的な連絡の際に用いることが多い表現です。

【安否のあいさつ1　相手の無事を確信するあいさつ】

あらたまった相手へ	**様におかれましては **様には、皆様には、ご一同様には	ますます いよいよ	Aご清祥／ご清栄／ご健勝 Bご壮健 Cご隆昌／ご隆盛／ご活躍	のことと にお過ごしのことと	存じます。 お喜び申し上げます。
親しい相手へ	**様には 皆様には	（その後）	お元気で おすこやかに お変わりなく	お過ごしのことと	存じます。

【安否のあいさつ2　自分側の無事を伝えるあいさつ】（必須ではなく、事務的な用件の場合は省きます）

おかげさまで	私（ども）も 当方も	元気に 健康に 無事に 息災に	過ごして 暮らして	おります。（基本） おりますので 他事ながらご休心ください。（あらたまった相手に）

感謝のあいさつ〜なるべく具体的な言葉で伝えます〜

●「格別なご高配」を心のこもった表現に

手紙での感謝のあいさつとは、ビジネス文書で定番の「平素は格別なご高配を賜り心より御礼を申し上げます」、あるいは話し言葉やメールでの「いつもお世話になっております」にあたります。

どうしても、通りいっぺんの決まり文句になってしまいがちですが、できれば「先日はお忙しい中お時間をいただき」「このたびは、ご親切なお力添えをいただき」など、具体的な事例をあげてお礼を述べると、気持ちの通った文面になります。

【日ごろの感謝（基本）】

日ごろは 平素は いつも	このたびは 先日は	いろいろと なにかと 格別の ひとかたならぬ	お世話になりまして お心にかけていただき ご指導をいただき ご高配を賜りまして	まことにありがとうございます。 心より御礼を申し上げます。 心から感謝しております。

【ご無沙汰のおわび】

日ごろは 平素は	心ならずも 雑事にまぎれて	ご無沙汰を重ね ご無沙汰してしまい	まことに申しわけありません。 心苦しく存じております。

【その他のお礼・おわび】

このたびは 先日は	たいへんに 親身な ご親切にも ひとかたならぬ 思いがけず	（お礼） ご配慮をいただき ご力添えをいただき お時間をいただき	まことにありがとうございました。 深く感謝しております。 心より御礼を申し上げます。
		（おわび） ご迷惑をおかけして お手数をおかけして お返事が遅れ ご心配をおかけして	まことに申しわけありませんでした。 深くおわび申し上げます。 恐縮しております。 心苦しく存じております。

結びのあいさつ1　季節感を盛り込みたいとき

1月

◆寒さ厳しき折ではございますが、くれぐれもご自愛ください。

◆春の訪れを心待ちにしながら、まずは御礼(お祝い・ご報告)まで。

2月

◆余寒がつづいておりますので、お風邪など召しませぬようご自愛ください。

◆季節の変わり目でございますので、くれぐれもおからだをたいせつになさってください。

3月

◆春寒の折、どうぞご自愛ください。

◆春からの新生活が、実り多きものになりますよう、心よりお祈り申し上げます。

4月

◆新しい環境でも、ますますご活躍なさいますことをお祈りしております。

◆過ぎ行く春を惜しみながら、まずは書中にて御礼(お祝い・ご報告)申し上げます。

5月

◆過ごしやすい季節になりましたので、ぜひ一度、こちらにもお出かけください。

◆梅雨入りも間近となりました。どうぞおすこやかにお過ごしください。

6月

◆お足元の悪い時節ですので、どうぞくれぐれもお気をつけてお過ごしください。

◆梅雨冷えの折、どうかご自愛ご専一になさってください。

7月

◆暑さに向かいます折から、くれぐれもおからだにお気をつけてお過ごしください。

◆夏休みには、ぜひこちらへもお出かけください。家族一同、お待ちしております。

◆近いうちに、暑気払いとしてビアガーデンなどごいっしょしたいですね。

8月

◆当分厳しい残暑がつづきそうとの予報です。ご無理なさいませんように。

◆夏のお疲れが出やすい時期ですので、どうかくれぐれもご自愛くださいますように。

9月

◆さわやかな秋を満喫なさいますように。

◆お互いに、実り多い秋にしたいものですね。

◆朝夕はめっきり涼しくなってまいりました。お風邪など召しませんようご留意ください。

10月

◆当地の紅葉は、まもなく見ごろを迎えます。ぜひご家族でもみじ狩りにお出かけください。

◆秋冷の募るころでございます。なにとぞご自愛くださいますようお祈りいたします。

11月

◆朝晩の冷え込みが厳しくなってまいりました。くれぐれもおからだをたいせつに。

◆本格的な冬が、もうすぐそこまで来ています。あたたかくなさってくださいね。

12月

◆年末に向け、なにかとお忙しいことと存じますが、健康第一で、ますますご活躍ください。

◆寒さ厳しき折ですが、ご自愛の上、おすこやかな新年をお迎えくださいますように。

◆新しい年が、＊＊様にとってご多幸で実り多いものになりますことをお祈り申し上げます。

結びのあいさつ2　ピシッとまとめる4つの型をマスター

1．用件まとめ型

お礼やお祝いなど、手紙の目的を再度告げて手紙を結びます。

「まずは」「略儀ながら」という表現を使うのは、相手のところに出向いて用件を述べるのではなく、略式の手紙で失礼するというおわびのニュアンスを伝えたいからです。

◆まずは書中にて御礼(お祝い・ご報告など)申し上げます。

◆まことに略儀ではございますが書中をもちまして御礼(お祝い・ご報告など)申し上げます。

◆まずは用件のみにて失礼いたします。

◆まずは御礼(ご報告)まで。※軽い用件の場合にだけ許される簡単なあいさつです。

2．よろしくお願い型

「よろしく」と、次につなげるあいさつで結ぶことで、手紙に余韻が生まれます。

◆今後ともよろしくご指導(ご指導ご鞭撻・ご厚誼・ご交誼)くださいますよう、よろしくお願い申し上げます。

※ご鞭撻＝強く励ますこと

※ご厚誼＝深い親しみの気持ち

※ご交誼＝心の通い合った交際

◆引きつづきご指導(ご指導ご鞭撻・ご厚誼)のほど、どうぞよろしくお願いいたします。

◆末筆ではございますが、＊＊様にもどうぞよろしくお伝えください。

◆以上、どうぞよろしくお願いいたします(申し上げます)。

3. お祈り型

ビジネスメールなどで、定番的に使われるフレーズのため、親しい人にあてての手紙に使うと、ややかた苦しい印象になってしまいます。「お祈り型」は、目上の人にあてての手紙や、あらたまった用件の場合に向く結び方です。

◆末筆ながら、ますますのご活躍（ご発展）をお祈り申し上げます。
◆＊＊様のいっそうのご活躍（ご発展）を心よりお祈り申し上げます。
◆＊＊様のご多幸を祈念し、まずはご連絡申し上げます。
◆ご自愛のほどをお祈りいたしております。
◆実り多き一年（春・イベントなど）になりますことを、お祈り申し上げます。
◆あいにく伺うことはできませんが、盛会をお祈りしております。

4. 七夕短冊型

願いごとを短冊に書くように、相手のことを思い「〜しますように」と結びます。親しい間柄の人向けには、紋切り型の結び方ではなく、こうしたソフトな書き方がマッチします。

◆これからたくさんよいことがありますように。
◆あなたにとって、実りある一年（季節）になりますように。
◆笑顔に満ちた新生活になりますように。
◆一日も早くご快復なさいますように。

オールマイティに使える書き出しと結び

●あらたまった書き出し

拝啓　時下ますますご清祥にお過ごしのこととお喜び申し上げます。

「時下」は「このごろ」という意味で、季節を問わずに使えます。「ご清祥」は、相手が元気でめでたく暮らしていることを祝って言う言葉ですが、手紙文でしか使わない表現なので「ご健勝」「ご活躍」などより品格を感じさせます。

●一般的な書き出し

＊＊の季節（ころ）となりましたが、お元気でお過ごしのことと存じます。

「＊＊」の部分に「桜」「紅葉」「向寒」「向暑」など、季節に応じた言葉を入れれば、年間を通して使える表現になります。目上の人に対しては「お元気で」を「おすこやかに」にすると、ていねいな言い回しになります。

●相手を問わない結び

時節柄、ご自愛のほどをお祈り申し上げます。

「時節柄」という、季節を問わない表現を使い、相手の健康を祈る言葉で結びます。

PART 2

お中元・お歳暮・プレゼント
〜贈り物に添える手紙

贈り物と送り状のマナー

◉贈り物をするときは送り状を添える

贈り物は、日ごろの感謝やお祝いの「気持ち」を、品物に託して相手に届けるものです。品物を、デパートなどから送りっぱなしにしては気持ちが伝わりませんし、相手に対して失礼なことです。手紙を添える習慣をつけましょう。

品物の届くころを見はからって、別にお礼状を郵送するのが正式ですが、タイミングがずれると間が悪いものです。デパートなどから発送するなら、**封をしていない**手紙を持参して品物に同梱してもらうのが効率的です。封をしないのは、郵便法で「宅配便・ゆうパックで親書（書状）を送ってはいけないが、品物に添付する**無封の**送り状ならOK」と定められているからです。

◉お中元・お歳暮を送るときは時期と表書きに注意して

相手（贈り先）

日ごろお世話になっている人、具体的には、両親、親戚、仕事の取引先、子どもの学校や習い事の先生、勤務先の上司などです。ただし、社員間や取引先との贈答を禁止する会社もありますし、学校の先生や公務員は立場上受けとれない場合もあります。あらかじめ事情を確認し、相手に迷惑がかからないようにします。

贈る時期

お中元は6月下旬から7月15日までに。これは、中国古来の祭りごとである7月15日の「中元」に由来するからです。ただし地域によっては8月15日の旧盆までとする場合もあります。

お歳暮は12月上旬から20日ごろまでが基本ですが、正月用食品などを贈るときは年末近くにします。本来は「事始めの日」とされる12月13日以降とされてきましたが、近年は贈る時期が徐々に前倒しになる傾向にあります。

時期が遅れたときの表書き

前述の期間内なら「御中元」「御歳暮」です。

夏のごあいさつの場合、7月15日を過ぎたら「暑中お伺い」「暑中御見舞」、立秋(8月8日ごろ)を過ぎたら「残暑お伺い」「残暑御見舞」として贈ります。年末のごあいさつをしそびれたときは、翌年の松の内を過ぎてから「寒中お伺い」「寒中御見舞」として贈ります。

いずれの場合も「見舞い」は敬意が含まれない表現のため、目上の人に対しては「お伺い」とするのがていねいです。

贈り先や自分が喪中の場合

お中元・お歳暮は季節のごあいさつなので、先方や自分が喪中でも贈ってOKです。ただ、贈る時期は忌明け(仏教では四十九日)後にし、紅白ののし紙ではなく、無地の短冊に「御中元」「御歳暮」あるいは、あえて時期をずらして「＊＊お伺い(御見舞)」として贈るとよいでしょう。

先方や自分が喪中のときはのし紙を控えて

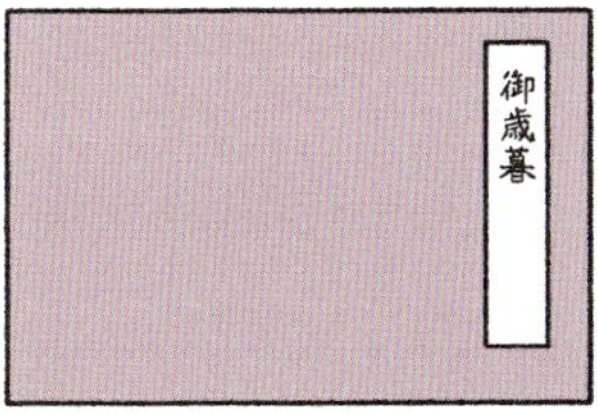

のし紙の「のし」は、のしあわびのことで、古くから縁起物とされ、「喜びをのす(伸ばす)」という意味でお祝いごとに用いるものです。また、あわびは「生ぐさもの」であることから、仏事には使いません。

お中元の送り状

品物だけを送りつけず、日ごろの感謝の言葉を添えて

基本的な文例　本人→知人

拝啓　梅雨が明けたとたんに一気に真夏が訪れたようなこのごろでございますが、

＊＊様にはいよいよご清祥のこととお喜び申し上げます。平素はひとかたならぬお世話になり、心より御礼を申し上げます。

さて、♥本日、感謝のしるしまでに、ささやかなごあいさつの品を別便にてお送りいたしました。ご笑納くださいますようお願い申し上げます。

時節柄いっそうのご自愛をお祈りいたしております。

敬具

♥ マナー　送り状が品物よりあとにならないように。

★ 注意点　仕事の関係者でも、個人あてに贈るときは、自宅の住所を調べて、そちらに送ります。

夫の代わりに書く　妻→夫の知人

例年になく過ごしやすい日々がつづいておりますが、＊＊様には◆おすこやかにお過ごしのことと存じます。日ごろは、なにかとお心にかけていただきまして、あらためて心より御礼を申し上げます。

つきましては、夏のごあいさつとして、心ばかりの品をお届けいたしますので、お納めくださいますようお願いいたします。

向暑の折から、どうぞお体をおいといくださいませ。

かしこ

◆ メモ　女性の場合は「ご健勝」「ご隆昌」などの熟語より「おすこやかに」「お元気で」などの表現のほうがやわらかい印象に。

品物に添えて送る　本人→親戚

梅雨明けが待ち遠しいこのごろですが、＊＊様にはつつがなくお過ごしのことと存じます。私どもも、おかげさまで無事に◆消光しております。

本日、ごあいさつのしるしに心ばかりの品をお送り申し上げました。毎年同じものでは気がきかないのですが、ご家族の皆様がお好きと伺っておりますので、それに免じてお許しください。

お盆には、家族で帰省できる予定ですので、久しぶりにお目にかかれるのを楽しみにしております。

まずは一筆ごあいさつ申し上げます。

◆メモ
「消光」とは「月日を送ること」。自分側に用いる言葉で、「元気にしています」より奥ゆかしい印象を与えます。

就職でお世話になった人へ送る　本人→恩師

拝啓　暑さも本番を迎えたようですが、先生にはご健勝のことと存じます。

入社から三カ月たち、私もなんとか仕事に慣れてきたところです。先生からいただいたアドバイスを日々かみしめ、早く一人前の仕事ができるよう努力する所存です。

さて、このたび、わずかですが◆初めての賞与を手にしました。ささやかではございますが、社会人らしく季節のごあいさつをさせていただきますので、ご笑納くだされば幸いです。

時節柄、いっそうのご自愛とますますのご発展をお祈りいたします。

敬　具

◆メモ
近況報告を添え、「初めてボーナスでお中元を贈ります」とすると、初々しく、また心のこもった送り状になります。

お歳暮の送り状

品物の到着予定日がわかるなら、送り状で知らせます

基本的な文例　本人→知人

拝啓　早いもので歳末の候となりましたが、皆様にはお変わりなくご清祥にお過ごしのこととお喜び申し上げます。

本年も、公私にわたりたいへんお世話になりました。ご芳情のほどまことにありがたく、心より御礼を申し上げます。

さて、一年の感謝を込め、気持ちばかりの品をお送りいたします。◆ご笑納くださいますようお願い申し上げます。

寒さに向かいます折から、ご自愛のうえ、よい年をお迎えください。

敬具

◆メモ　「笑納」とは、つまらないものだが笑って納めてくださいという意味の謙譲表現。同様に、食べ物なら「ご笑味ください」とも。

子どもの習い事の先生へ　親→指導者

季冬のみぎり、先生にはお忙しくご活躍のことと存じます。いつも娘がお世話になり、まことにありがとうございます。

先日の発表会に備えて練習を重ねる日々だった娘ですが、当日、納得のゆく演奏ができ、努力が報われる喜びを知ったようです。先生にはたいへん親身なご指導をいただき、あらためて御礼を申し上げます。

ささやかですが、♥一年の感謝のしるしをお送りいたしますのでご笑納ください。

どうかご自愛のうえ、よいお年をお迎えくださいませ。

♥マナー　習い事への先生の贈答は、周囲と相談して足並みをそろえることが大事です。

品物の到着予定を知らせる　本人→親戚

寒さのつのる毎日ですが、皆様お変わりなくお過ごしのことと存じます。しばらくお会いしていませんが、◆＊＊くんも大きくなったことでしょうね。

さて、本日、年末のごあいさつにかえて、イクラを少々お送りいたしました。♣お休みの＊日(土)午前中に届くよう手配いたしましたので、ご笑味ください。

年の瀬に向かい、なにかとお忙しいこととは存じますが、皆様お風邪など召されませんようにご自愛をお祈りいたします。

◆メモ　相手方の子どもや高齢者などを気づかう言葉を添えると、親しみのこもった文面になります。

♣応用　親しい相手には、先に都合を聞いてから到着日を指定する方法も考えます。

喪中の相手に送る　本人→友人

寒中お見舞い申し上げます。

昨年末にいただいた欠礼状で、お母上のことを知りました。存じませんで、まことに失礼をいたしました。

お寂しい年末年始をお過ごしだったことと拝察しますが、いままでに流れた時間が、少しでも＊＊様のお慰めになっていればよいけれどと案じております。

例年のごあいさつはさし控えさせていただきましたが、♥ささやかな気持ちをお届けしますのでお納めくださいませ。

春の訪れが、＊＊様を力づけてくれますようにお祈りしております。

♥マナー　仏教では殺生を嫌うため肉や魚の「生ぐさもの」を避け、「寒中御見舞(目上の人には「お伺い」)の短冊をつけて送ります。

日常の贈り物に添えるメッセージ　一筆箋やカードを上手に利用して

名産品を送る　本人→知人

先般の出張の際には、突然ご連絡をさし上げたにもかかわらず、お時間をいただきまして、まことにありがとうございました。急に思い立ってお電話をしたものですから手土産も持参せず、ご無礼いたしました。

つきましては、ほんのお礼のしるしに、別便で当地のからすみを♣少々お送りいたしましたのでご笑味ください。

＊＊様も、こちらへお出向きの節は、ぜひご一報ください。まずは一筆御礼まで。

♣応用　親しい相手には「ご存じと思いますが、薄切りの大根にはさんで食べるとおいしいですよ」など、食べ方も書き添えると親切です。

いただきものをおすそ分け　本人→ママ友

さやか様

実家から大量のみかんが送られてきました。家族3人のわが家に、巨大な箱で贈ってくるのですから、親というのは、ありがたいやら困るやら、ですね。

わずかですが◆お福分けしますので、人助けと思ってお受けとりくださいませ。味はなかなかよいようですよ。

ではまた近いうちにランチでも。　好美

◆メモ　おすそ分けとは、もらいものの余分を分配すること。「すそ」には、つまらないものという意味があり、上から下へ分けるという印象に「福を分ける」というプラスイメージのある「お福分け」がベターです。

手作りの食品を送る　女性→友人

定年後、主人が燻製づくりを始めました。家族を実験台にして研究を重ね、ようやく自信作完成とのことです。

舌の肥えた＊＊様にお試しいただきたく、♥失礼を顧みずお送りする次第です。

♥マナー　手作り品は好みが分かれるもの。押しつけがましくならないよう書き方に注意を。

子どもの絵を送る　親→子どもの祖父母

雄太が幼稚園で描いた「じぃじとばぁば」の絵です。お盆に帰省したとき、◆お父さんお母さんが着ていた洋服の色を覚えていたんだなとビックリ。子どもの成長は侮れません！　年末にはまた帰れると思いますので、よろしくお願いします。

◆メモ　孫が祖父母を慕う気持ちが伝わるように。

海外旅行のお土産を送る　本人→知人

＊＊様　先日は、せっかくお誘いいただきましたのに、参加できずに申しわけありませんでした。昨日、無事に帰国しました。

お土産と申すには♥あまりにもささやかですが、本場の中国茶を少々求めてまいりましたので、お召し上がりください。

♥マナー　相手に負担感を与えないよう軽い調子で。

子どもの修学旅行のお土産を送る　親→夫の両親

昨日、哲平が青森への修学旅行から帰ってきました。◆親の指示ではないのですが、お父様お母様へと、りんごのお菓子を買ってまいりましたのでお送りします。親ばかながら、心のやさしい子に育っているようでうれしく思っています。ではまた。　京子

◆メモ　自発的に購入と書けば相手の喜びは倍増。

父の日、母の日の贈り物に添える手紙

実の父へプレゼントを贈る　女性→実父

おなかの中では、新しい命が順調に育っています。まだ実感がわかず、親になる喜びよりも不安が大きいときもあります。

そんなとき頭に浮かぶのは、幼いころ、お父さんの大きなひざに抱っこされたときの心地よさ。ずっと忘れていたのに、♣最近鮮明に思い出すようになりました。

生まれてくる私たちの子にも、そんな安心を与えられる親になりたいと思います。

父の日に寄せ、いままでのたくさんの感謝を込めて。

沙織より

♣応用　実の親へは、「結婚して（社会人になって）一人暮らしを始めて／親になって）あらためてありがたさを感じた」とするのが基本。

「いつもありがとう」の気持ちを前面に

義理の父へプレゼントを贈る　女性→義父

公園でキャッチボールをしていた淳さんと翔が、先ほど帰ってきました。淳さんが「そういえば、おやじともよくキャッチボールをしたなぁ」と懐かしそうに話してくれました。親子のコミュニケーションが、こうしてつながっていくことに、かけがえのない幸せを感じます。

お父さん、いつもありがとうございます。

◆お母さんにこっそり伺って、お父さんの好きな銘柄の日本酒を求めました。あまり飲みすぎないようにお楽しみくださいね！

◆メモ　品選びについて、事前に義母にアドバイスを求めたこともさりげなく伝えると、義父・義母双方に喜んでもらえます。

母の日のプレゼントを贈る　女性→夫の母

★お母さんへ
面と向かっては照れくさくて言えませんが、至らぬ私をほんとうの娘のようにかわいがってくださり、ありがとうございます！

日ごろの感謝の気持ちを込めて、ささやかなプレゼントを送ります。私はもう少しシックな品に目を止めていたのですが、雅彦さんが選んでくれた明るい色のものを求めました。お気に召していただけるとよいのですが。

夏休みは帰省できる予定です。どうぞよろしくお願いいたします。
◆雅彦・香苗

★注意点　「お義母(姑)さん」など距離を感じさせる書き方はせず「お母さん」と呼びかけます。

◆メモ　手紙だけなら妻一人の名前で出してもOKですが、贈り物は連名にするのが基本。

母の日のプレゼントを贈る　女性→実母

最近、お母さんは「もうトシだから」って言いますよね？　きょう、私は「トシだから発言禁止令」を出したいと存じます。

仕事柄、お年を召した女性と接する機会が多いのですが、「すてきだな」と思うかたには共通点があります。
①必要以上に大きな声で話したり笑ったりしない（★これ、とっても重要！）
②言葉づかいがキレイ
③人の悪口を言わない
お母さんは、ほぼこれらの条件を満たしていると思いますよ。いい年齢の重ね方をしてるんじゃないかな。★これからもガンバレ！

★注意点　基本的に手紙文は「？」「！」を用いずに書きます。気のおけない間柄ではOKですが、多用すると読みにくいものです。

敬老の日の贈り物に添える手紙

「年寄り扱い」は禁物、喜寿以降を対象に

新社会人の孫から　本人→祖父母

じぃじ、ばぁば、ようやく残暑も落ち着いてきましたね。

いままで、折にふれておこづかいをもらってきたけれど、今年からは私も社会人。★これまでの感謝の気持ちを込めて、ささやかですが入浴剤のセットを贈ります。ほんとうは温泉旅行にご招待、といきたいところですが、それはもう少しりっぱになってからのお楽しみということで、今回は「温泉気分」だけ味わってくださいね。

季節の変わり目です、くれぐれもお体に気をつけてお過ごしください。

薫

★注意点　「敬老」という言葉に抵抗を覚える高齢者も多いのであえて言葉にしないのも一法。

初めて「敬老」を祝う　息子夫婦→両親

心地よい秋風が吹くころとなりましたが、お元気でお過ごしのことと存じます。

こちらも悠斗を中心に、にぎやかに暮らしております。

もうすぐ「敬老の日」ですね。

お父様お母様には似つかわしくない言葉ですが、◆外国では同時期に「祖父母の日」というのがあることを最近知りました。

孫が生まれ、三世代ふれ合うことの意義をあらためて感じています。悠斗からの感謝の気持ちとして、お納めください。

◆メモ　アメリカでは、9月第二日曜が「祖父母の日」。そのほかの国でも、同様の記念日が秋に制定されています。

PART 3

お祝いの手紙

◉目的によって赤白水引の形を選ぶ

売り場には、さまざまな「のし袋(祝儀袋)」があります。お祝いなど、おめでたい用途には赤白の水引がついている袋を使いますが、お祝いの種類によって選び分ける必要があります。

【祝儀袋の基礎知識】

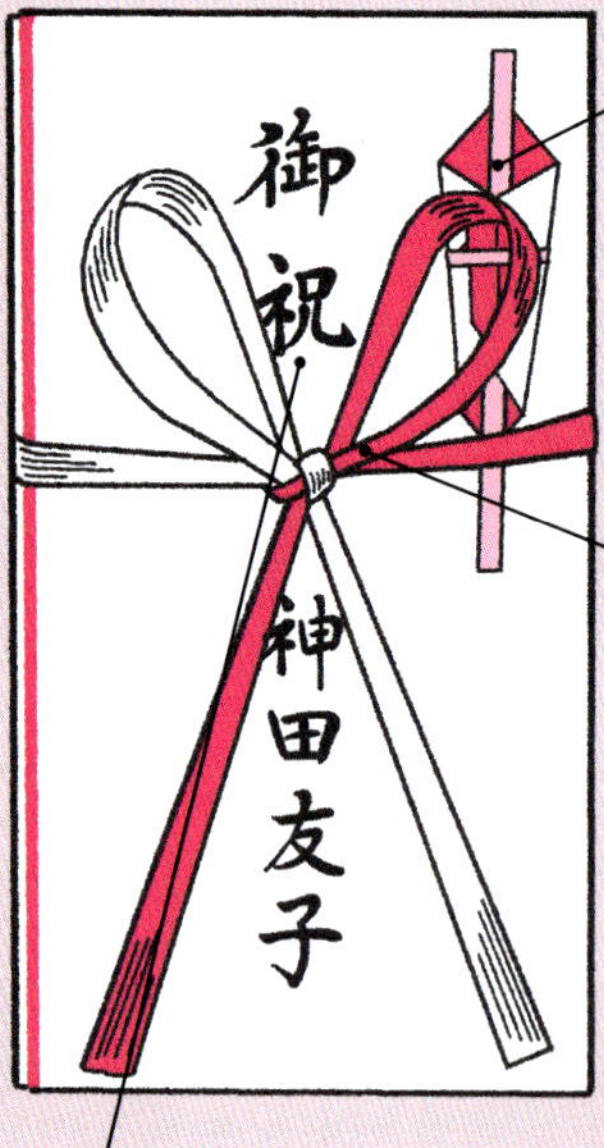

のし
「のしあわび」を紙で包んだ形になっています。もともとは「肴も添えてお贈りします」という意味があります。

水引
結びひものこと。お祝いには赤白または金銀を用います。ちなみに、宮中では古くから「紅白」の水引が使われていたため、一般に市販される祝儀袋の水引は「赤白」と呼んで区別します。

表書き
なんのお祝いかわかるように書きます。「御出産祝」など4文字では「死」を連想すると嫌う人もいるため「御出産御祝」「出産之内祝」などと調整する場合もあります。

1．蝶結びの水引＋のし

何度あってもいい結婚以外のお祝いごと（またはお礼）

出産／入学／開業／賀寿／受賞／叙勲祝い　など
お祝い以外にも、お礼、お年玉など幅広く使う。

蝶結びは、ほどいて結びなおせるため、繰り返してもいいお祝いに用います。賀寿、叙勲など盛大に祝うときは金銀の水引も使われます。

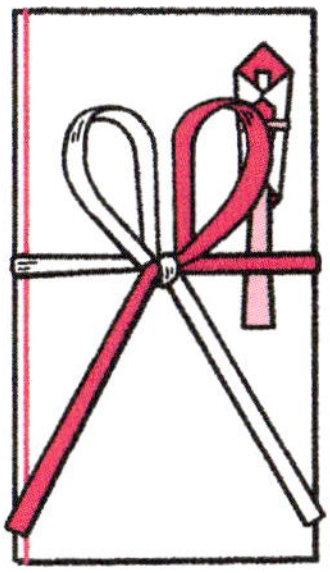

2．結びきりの水引＋のし

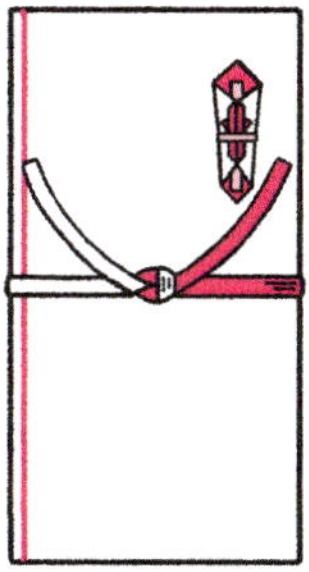

結びきり
（真結び）

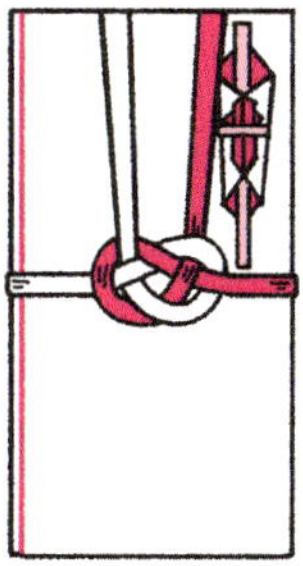

あわじ結び
（結びきりの応用）

一度きりにしたい結婚に関するお祝い（またはお礼）

結婚祝い／婚家からのご祝儀やお礼　など

水引の端を引っぱってもほどけないので、一度きりのお祝いごとに用います。ただし、関西以西では、結婚以外のあらたまったお祝いにも使う慣習があります。

3．結びきりの水引・のしなし

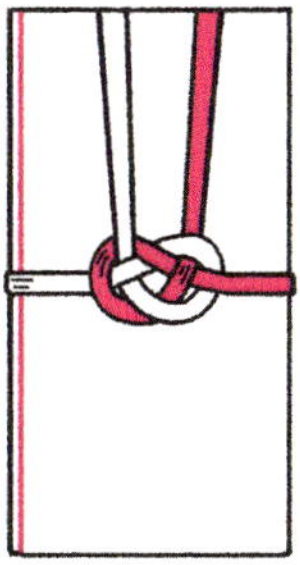

一度きりで引き延ばしたくない快気祝い（や病気見舞い）など

「のし＝伸ばす」という連想から、病気やけが、入院などに関する用件では、のしのない袋を用います。

結婚祝いの手紙

招待状が届いたらメッセージを添えて返信します

出席の場合　本人→新郎新婦

御出席

御欠席

このたびはご結婚おめでとうございます。
お招きいただきましてありがとう
ございます。
喜んで出席させていただきます。

どちらかを○でお囲みください。

御住所　東京都千代田区神田○―○―○
御芳名　神田○○

マナー

「出席」をマルで囲み、上の「御」と左の「御欠席」を二重線で消します。さらに、住所の上の「御」、左の「御芳」も二重線で消します。「芳」も自分に対する敬語表現なので、忘れずに消しましょう。

欠席の場合　本人→新郎新婦

御出席

御欠席

ご結婚おめでとうございます。
せっかくのお招きですが、あいにく子どもの
卒業式と重なりますので、残念ながら
伺うことができません。
なにとぞご了承くださいませ。

どちらかを○でお囲みください。

御住所　東京都千代田区神田○―○―○
御芳名　神田○○

マナー

「出席の場合」と同様に、敬語表現を消します。招待を受けたのなら、欠席の場合もお祝いを贈ります。出欠確認のはがきの返送とは別に、手紙を添えて送ります（文例は左ページ）。

欠席だがお祝いを贈る 本人→新郎新婦

このたびはご結婚おめでとうございます。春風とともに舞い込んできたうれしいお知らせに、自分のことのように心がはずんでいます。

そして、披露宴にもご招待いただき、ありがとうございます。返信はがきにも書きましたが、♣どうしても出席できず、申しわけありません。まことに残念です。

心ばかりですがお祝いの気持ちを同封いたしましたのでお納めください。

当日に向け、なにかとお忙しいことと存じますが、お体に気をつけて晴れの日をお迎えください。どうぞ末永くお幸せに。

♣ 応用

体調不良や身内の不幸などで欠席するときはくわしい理由をあえて書かずに、「やむを得ず」「どうしてもはずせない所用で」とぼかして書きます。

入籍だけのカップルを祝う 本人→新夫婦

★ご結婚おめでとうございます！

いずれあらためて、お二人にお目にかかれるのを楽しみにしております。

お二人の未来が、光に満ちたものでありますようにお祈りしています。

★ 注意点

「披露宴を楽しみにしていたのに」「地味婚」など否定的な表現は控えます。

再婚カップルにお祝いを贈る 本人→新夫婦

このたびはおめでとうございます。うれしいニュースを心から喜んでいます。

♥新しい門出のお祝いに、ささやかな品をプレゼントさせてください。

どうぞいつまでもお幸せに。

♥ マナー

再婚や授かり婚など「ワケあり」結婚の場合も、特にそれにふれる必要はありません。

子どもの成長に伴うお祝いの手紙

専用のカードや祝儀袋で愛らしい印象に

出産祝い　夫婦連名→親戚

美由紀さんのご出産おめでとうございます。無事にかわいらしい女の子がご誕生と伺い、うれしく安心しました。

美由紀さんのご回復も順調とのことで、よかったですね。とはいえ、出産という大きな仕事のあとですから、ご無理なさらずに、ゆっくり静養なさってくださいね。

心ばかりのお祝いを♥同封いたしますので、お納めください。

赤ちゃんのおすこやかなご成長を、心よりお祈りします。ほんとうにおめでとう！

♥マナー　忙しい出産直後は、訪問や電話より、手紙やカードでのお祝いがベスト。親しい間柄ならメールして、お祝いは別便で送っても。

出産祝い　女性→男性の友人

清水健斗様　まどか様

元気な男の赤ちゃん◆ご誕生おめでとうございます。

奥様も赤ちゃんもお元気と伺い、安心しました。ささやかですが、お祝いの気持ちをお受けとりくださいませ。

お二人の愛情に包まれて、赤ちゃんがすくすくと成長なさいますように。

★小川貴子（＊＊高校同期）

◆メモ　男性（パパ）あてに送るときは「ご出産おめでとう」ではなく「ご誕生」とします。

★注意点　相手の奥様（ママ）は心身ともに敏感な時期です。親しげな表現は避け、相手（パパ）との関係を書き添える配慮も必要です。

入園祝い　女性→友人

楓太くんのご入園おめでとうございます。黄色いバッグを肩にかけた、りりしい姿が目に浮かびます。

うところですね。♣ママも、ほっとひと息といが持てると思うので、これからは少し自分の時間落ち着いたらゆっくりおしゃべりを楽しみましょう。

ささやかなお祝いに、私が使って便利だったお弁当グッズを贈ります。SNSにアップするかどうかはともかく、毎朝写真を撮ると、記念にも参考にもなりますよ。

では近いうちお会いできるのを楽しみに。

ほんとうにおめでとう！

♣応用　「無事に大きな節目を迎え、さぞお喜びでしょう」「いつもつないでいた手があき、寂しさもあるのかな」など母親に対しての思いやりの言葉を盛り込みます。

入学祝い　夫婦連名→親戚

このたびは、菜々美ちゃんのご入学おめでとうございます。

ついこの間までよちよち歩きをしていたように思えますが、もう小学生になるのですね。大輔さんご夫妻にとっては、楽しくもお忙しい数年間だったでしょうから、ご感慨もひとしおのことでしょう。

菜々美ちゃんも、ワクワクドキドキしながら入学の晴れの日を待っているのでしょうね。♥気持ちばかりのお祝いを同封いたしますので、お納めください。

たくさんのお友達に囲まれた、楽しく有意義な小学校生活になることを、心からお祈りしております。

♥マナー　学用品などは学校で指定されているケースが多いので、現金でのお祝いが無難です。

新しい門出を祝う手紙

いままでの経験を生かし、さらに飛躍をと祈ります

姪の大学入学を祝う　夫婦連名↓親戚

このたびは、大学★ご進学おめでとう。

いまは何でも食べられる麻衣ちゃんですが、小さいころは食物アレルギーがあって、ご両親は、ずいぶん食事に気を使っていました。お米の粉で作ったパンやケーキを、私もいただいたことがありますが、愛情たっぷりのやさしい味を思い出します。

麻衣ちゃんが東京で一人暮らしをすることになり、お父さんお母さんはちょっと寂しい思いをしているかもしれませんね。これからは、充実した学生生活を送ることが、いちばんの親孝行！　期待しています。

★注意点　正式には、中学までの義務教育は「入学祝い」、それ以降は「進学祝い」とします。

相手の子女の就職を祝う　本人↓取引先

拝啓　日ごとに春めくこのごろ、いよいよご隆盛のこととお喜び申し上げます。

このたびは、ご長男様が貴社にご入社とのこと、心よりお祝いを申し上げます。

承れば、ご本人様の強いご意思によるものとのこと、すぐれた後継者を得られて、◆小池社長もさぞ心強くお喜びのことと拝察いたします。ご子息様が今後実力を存分に発揮され、貴社がますますのご発展を遂げられますことを確信しております。つきましては、心ばかりのお祝いをお届け申し上げますのでご受納ください。

敬具

◆メモ　親にあててのお祝いは、親の喜びや安堵を思いやる表現を盛り込みます。

栄転を祝う　本人→先輩

♥このたびは本社営業部へのご栄転、まことにおめでとうございます。

名古屋支店ご在勤中は、ひとかたならぬお世話になり、あらためてありがとうございました。私が、まがりなりにも営業マンとして仕事ができるようになったのは、先輩の親身な指導のおかげと、心から感謝しております。

本社では、これまで以上にご多忙になることと存じますが、お体に気をつけてますますご活躍ください。

出張などで当地へお越しの節は、ぜひお声をかけてください。まずはお祝いまで。

♥マナー　お祝い→お世話になったお礼→今後の活躍を祈る言葉、という順に構成します。

★注意点　お祝いの金品の可否は規定を確認して。

海外赴任を祝う　本人→知人

四月から北京支店へご赴任とのこと、ご準備にお忙しいころと存じます。

巨大マーケットを持つ国だけに、★仕事上の魅力ははかり知れないことでしょう。また、池田様への会社の期待が大きいことの証しだと拝察しております。

今までのように「今週末、食事でもどうですか」とはいかないのは残念ですが、ますますのご活躍をお祈りいたします。

海外では入手しにくいと聞き、入浴剤のセットをお祝いのしるしに贈ります。リラックスの時間も大事になさってくださいね。

まずは一筆お祝いまで。

★注意点　なるべく前向きな言葉を選びましょう。「赴任先は～だそうだから気をつけて」という表現はネガティブな印象を与えます。

栄誉を祝う手紙

これまでの努力や実績をたたえる言葉を添えて

展覧会の入選を祝う　本人→友人

★＊＊展ご入選、ほんとうにおめでとうございます！

これまでの長年にわたる地道なご努力を存じ上げているだけに、今回、見事に大輪の花を咲かせたことを、自分のことのようにうれしく感じています。

遠方のため、展覧会を拝見できないのは残念ですが、いっしょに喜びを分かち合いたい気持ちを、ささやかな花にかえて、お届けいたします。

いっそうのご活躍をお祈りします。

★注意点　展覧会の名前や賞の名（入選／特選など）をまちがえるのは非常に失礼です。必要に応じて、展覧会の事務局などに確認します。

叙勲を祝う　本人→取引先

謹啓　菊花の候、ますますご清栄のこととお喜び申し上げます。

このたびは、＊＊章の★ご受章、まことにおめでとうございます。これまでの多年にわたるご功績を思えば、当然のことと存じますが、名誉ある形に結実されましたことをただただうれしく存じております。

今後は、豊富なご経験をもとに、いっそうご手腕を発揮されますことを祈念しております。

まずは略儀ながら書中にてお祝いを申し上げます。

謹白

★注意点　勲章や褒章を受けるのは「受章」、授けるのは「授章（式）」。「受賞式」としないこと。

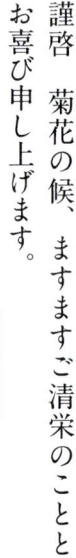

開業・開店を祝う手紙　相手が目上でも現金のお祝いを贈ってOK

開業を祝う　本人→先輩

秋空が澄み渡る好季節を迎えました。

このたびは、いよいよご自身の事務所をご開業とのこと、まことにおめでとうございます。以前から開業の夢は伺っていましたが、こんなに早く、そして順調に実現なさるとは、さすが先輩と感服しています。

堂々の船出を祝って、なにか品物をと考えたのですが、当方、センスにはまるで自信がありません。♥失礼とは存じますが、心ばかりの気持ちを同封しますので、ご受納くださいますようお願いいたします。

ご盛業を心より祈り、一筆お祝いまで。

♥マナー　現金を贈るときは「失礼ですが」のひと言を添えるとていねいな印象になります。

開店を祝う　本人→知人

◆念願のお店のオープン、おめでとうございます。ご感慨もひとしおのことと存じます。
出張の際は、ぜひ立ち寄らせていただきます。ご繁栄とご健勝を心よりお祈りします。

◆メモ　花などを贈るときも、メッセージを添えて。

社屋完成を祝う　本人→取引先

新社屋の★ご竣成まことにおめでとうございます。長年のご努力に敬意を表し、心よりお祝いを申し上げます。ますますのご隆盛と、社員の皆様方のご健勝をご祈念します。

★注意点　竣成《しゅんせい》とは、建築物ができあがること。「落成」は「落」の語感が悪いので避けます。

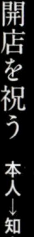

新築・転居を祝う手紙

新居に対するほめ言葉を必ず書き添えます

新築を祝う　本人→知人

さわやかな風が心地よい季節となりましたが、ご家族の皆様にはお元気でお過ごしのことと存じます。

　このたびは、ご新居が完成されましたとのこと、まことにおめでとうございます。

　緑豊かな文教地区と伺っておりますので、★お子様たちにはなによりのすばらしいご環境と存じます。

　いずれ、ご新居に遊びに伺いたいと願っておりますが、遠方ですので、まずは心ばかりのお祝いをお送り申し上げます。

★注意点　「マイホーム（一戸建て）がうらやましい」という表現は、度が過ぎるとひがみっぽい印象を与えるので控えます。

転居を祝う　本人→親戚

杏奈ちゃんへ

★一人暮らしのスタート、おめでとう！

お父さんとお母さんは、ずいぶん心配していたみたいね。でも、私は大賛成。私も結婚するまでの数年間、一人暮らしをしていたのだけれど、あの時期があったから、心身ともに自立することのむずかしさとたいせつさを学べたのだと思っています。

　新居は拙宅から近いので、困ったことなどあれば、いつでも気軽に連絡してね。

応援していますよ！

まさみ

★注意点　新築・転居祝いには、調度品が好適品とされましたが、好みがあるものだけに、最近は現金・ギフト券を贈る傾向にあります。

PART 4

お礼の手紙

お礼とお返しのマナー

◉返礼品が必要かどうかはケースバイケース

金品をいただいたり、お世話になったりした場合には、手紙やはがきで「ありがとう」と謝意を伝えることが大事です。ただし、「品物は無事に届いた」「紹介してもらった会社から内定が出た」など、ことの成り行きを相手が気にしているときは電話やメールですぐに報告します。

返礼品を贈るかどうかは、左表のように、（して）いただいた内容によって判断しましょう。

◉お祝いのお返しは「内祝」とする

内祝とは、内輪で行うお祝い、または自分の家の祝いごとに品物を贈ることで、本来はお祝いをいただいたかどうかにかかわらずに行うものでした。しかし、現在は、お祝いをいただいたかたにだけ、内祝の品を贈るならわしになっています。なお、4文字の表書きを「4＝死」につながるときらう人もいるため、「出産内祝」ではなく「出産之内祝」とする場合もあります。

【お返し（返礼品）が必要かどうかの目安】

いただいたもの、していただいたこと	返礼品の要不要	返礼品ののし紙の表書き	のし紙の名入れ
お中元・お歳暮	不要（「日ごろのお礼」として送られたものなので、さらに返礼する必要はない）	＊	＊

プレゼント	不要（別の機会に返すことも）	*	*
結婚祝い	必要	結婚之内祝／内祝	入籍前は両家の姓を併記、入籍後は新姓のみ
出産祝い	必要	出産之内祝／内祝	赤ちゃんの名前（姓なし、必要に応じてふりがな）※
入園・入学祝い	「お互いさま」の考えから不要とされてきたが、現在は返礼する人が多い	入学之内祝／内祝	姓のみ、または子の名前
就職祝い	初月給・ボーナスが出たら贈り物をすると喜ばれる	（のしは不要）	*
受賞・入選祝い	不要	*	*
昇進・栄転祝い	基本的には不要だが、栄転の場合は着任地の名産品などを贈ることも	（のしは不要）	*
開業・開店祝い	不要だが、店名・社名入りの記念品などを作って渡す場合もある	粗品／御挨拶	店名、法人名など
新築祝い	近くなら新居に招いてもてなす、遠方の場合は返礼品を贈ることが多い	新築之内祝／内祝	姓のみ
おもてなし **協力（お世話になった）**	相手の負担が大きかった場合には必要	御礼／謹謝（目上へ）寸志（目下へ）	姓のみ
金品の貸与	借りた品物に応じて、返礼品を添える	（のしは不要）	*

※地域によっては、のし紙には親の姓を書き、別に赤ちゃんの名を書いた短冊を添える習慣もあります。

お中元をいただいたお礼

封書ではやや大げさなので、はがきが妥当です

基本的な文例　本人→知人

♥拝啓　盛夏の候となりましたが、お変わりなくお過ごしのことと存じます。日ごろはたいへんお世話になりまして、あらためて心より御礼を申し上げます。

さて、このたびはごていねいなお中元のごあいさつをいただきまして、まことにありがとうございました。いつもお心にかけていただき、恐縮しております。

これから夏本番を迎えます折から、皆様のご健勝をお祈りいたします。

まずは書中にて御礼申し上げます。

敬　具

♥マナー　あらたまった相手には、はがき文でも頭語と結語を使って文面をととのえます。

いただいた品物への感想　本人→知人

いちだんと暑さが厳しくなってまいりましたが、皆様お元気でお過ごしのご様子、なによりと存じます。

さて、本日、ごていねいな★お便りとみごとなメロンが届きました。いつもお心づかいをいただき、まことにありがとうございます。

メロンの一つはちょうど食べごろのようで、箱をあけたとたんに、◆甘くみずみずしい香りが漂ってきました。さっそく冷やして、暑気払いにいただくつもりです。

まずは一筆お礼のみにて。

★注意点　送り状が添えられていたときは「お便り（ごあいさつ）→品物」の順にお礼を。

◆メモ　品物に対する感謝はなるべく具体的に。

夫の代理で書くとき　妻→夫の知人

お心づくしの冷酒が到着しました。毎年のことながら、お心にかけていただきまして、ほんとうにありがとうございます。

◆夏でも日本酒を好む夫が、なかなか入手できない逸品だと申しまして、たいへん喜んでおりました。

ご夫妻とも、お変わりなくお元気なご様子でなによりのことと存じます。また、近いうちにお二人で拙宅に遊びにいらしてくださいませ。

奥様にもどうぞよろしくお伝えくださいますように。

まずは御礼のみにて失礼いたします。

◆メモ　妻も、相手と面識があるなら、妻自身の言葉としてお礼状を書き、差出人を夫婦連名にするとよいでしょう。

辞退して返送するとき　本人→知人

本日はごていねいなお中元のごあいさつをいただき、恐縮しております。

お心づかいはありがたく存じますが、公務員という立場上、♥服務規定によりまして受けとるわけにはまいりません。

お気持ちだけ頂戴して、品物につきましては失礼ながらご返送申し上げますので、ご受納ください。ご厚意を無にするようで心苦しいのですが、事情ご賢察のうえ、ご理解賜りますようお願い申し上げます。

今後とも変わらぬご厚誼のほどをお願い申し上げまして、まずは書中にてご連絡申し上げます。

♥マナー　「規則」で受けとれないと強調します。

★注意点　返送するわけですから、「結構な品」など、品物をほめる表現は用いないことです。

お歳暮をいただいたお礼

「来年もよろしく」という年末のごあいさつを添えて

基本的な文例　本人↓知人

本年も残すところわずかとなりましたが、皆様おすこやかにお過ごしのご様子、なによりのこととお喜び申し上げます。

さて、このたびはお心のこもったお歳暮の品をご恵贈いただき、まことにありがとうございました。いつもながらのごていねいなお心づかいに心より御礼申し上げます。

今後とも変わらぬおつきあいをお願い申し上げますとともに、♣明年のますますのご発展とご健勝をお祈りいたします。

まずは書中にてお礼申し上げます。

♣応用

＊寒さ厳しき折、ご自愛のうえ、よいお年をお迎えください。＊末筆ながら皆様のご多幸とご健勝を心よりお祈りいたします。

相手から先に届いたとき　本人↓知人

師走というのに、おだやかな日がつづいております。皆様お元気でお過ごしとのこと、心よりお喜び申し上げます。

このたびは、丁重なごあいさつをいただき、ありがとうございました。暮れを迎えますのに欠かせない品で、たいへんうれしくちょうだいいたしました。

★本来ならば、もっと早くに当方からごあいさつすべきところ、雑事に追われ、遅くなってしまいました。本日、心ばかりの品を別便にてお送りいたしましたのでご笑納くださいますようお願いいたします。

★注意点

送り状を兼ねる場合「届いたからこちらも送る」という印象にならないよう留意して。

今後は辞退したいとき　本人→知人の子

拝啓　歳晩の候、いよいよご清祥のこととお喜び申し上げます。このたびは、ごていねいなお歳暮の品をご恵贈いただき、ありがとうございます。

入社なさってから三年、すでに立派にご活躍なさっている旨は聞き及んでおり、たいへん頼もしく感じております。これまで欠かさず季節のごあいさつをいただき、恐縮しておりましたが、♥今後は、このようなお心づかいはなさいませんよう、お願い申し上げます。

ますますのご活躍をお祈りし、まずは御礼とお願いを申し上げます。

敬　具

♥マナー　就職の世話や仲人をした相手からの贈答は、3年をめどに辞退します。あらたまったお願いなので、はがきではなく封書で。

すでに電話でお礼を述べているとき　本人→友人

このたびは、ごていねいなお心づかいをいただき、あらためてありがとうございました。♥とり急ぎ受領のご連絡をとお電話をさし上げましたが、その夜、皆でおいしくいただきました。

さすが、ふぐさしの力は絶大で、ふだんは帰りが遅い家族もイソイソと帰宅してまいりました。貴重な味ばかりでなく、久々の団らんもプレゼントしていただき、感激しております。

年の瀬となり、なにかとお忙しいことと存じますが、お体に気をつけておすこやかな新年をお迎えくださいませ。

かしこ

♥マナー　高価な生鮮食料品などをいただいたときは、「受領連絡の電話＋感想を添えたお礼状」の2段構えでていねいにお礼を。

Column

お中元・お歳暮　いただいた品物別　お礼のメッセージ集

品物については「結構な（お心づくしの／お心のこもった／ごていねいな）お気づかいをいただき」とするのが一般的です。ただ、品物を贈る側は「あそこのご家庭は小さなお子さんがいるから」「あの人はワインが好きだから」などと、相手の家族構成や好みを考えながら選んでいます。できれば、いただいた品物に応じて、具体的な感謝や喜びの表現を添えたいものです。

喜びをあらわす表現

◆家族全員の大好物ですので、みな大喜びです。

◆箱のふたをあけたとたん、子どもたちから大歓声が上がりました。

◆小さな子どもがおりますので、このような品はほんとうに助かります。

◆たいへんやわらかい牛肉で、老親も喜んでいただいております。

◆近くに住む息子夫婦も呼び寄せて、皆で楽しく堪能させていただきました。

◆せっかくすばらしい＊＊をいただいたのだからと、とっておきのワインの栓を抜きました。

◆前にお目にかかったとき、＊＊が好きだと言ったのを覚えていてくださったのですね。

季節の品をいただいたときの表現

◆旬の味覚が、口の中いっぱいに広がりました。

◆夏バテぎみでしたが、涼しげな＊＊のおかげで、ひととき暑さを忘れました。

◆のどごしのいいめん類は、食が進み、この季節には、なによりのごちそうです。

◆主人も私もビール党ですので、さっそく今晩から晩酌を楽しませていただきます。

◆おかげさまで、お正月の祝い膳が、豪華でにぎやかなものになりそうです。

◆お正月には子どもたちも帰省しますので、皆でおいしくいただくことにいたします。

◆立派な新巻鮭にびっくり、一切れずつ真空パック処理がされていて感動！　腕に自信のない私には最高のご配慮ありがとうございます。

◆大掃除の合間に、お茶を入れて、いただいた甘味でひと息つくことができました。

名産品や相手の品選びをほめる表現

◆みごとな＊＊、さすが本場のものは違いますね。こちらでは到底お目にかかれません。

◆当地ではなかなか入手できない、貴重な＊＊をご恵贈いただき感激しております。

◆新鮮な海の幸に恵まれた場所に住んでいらっしゃる＊＊様がほんとうにうらやましいです。

◆いただいた＊＊の抜群の鮮度と歯ごたえに驚きました。

◆地域限定の貴重なお品物をありがとうございます。大事に、おいしくちょうだいいたします。

◆「＊＊王国」といわれるのがうなずける、豊かな味わいでした。

◆情報番組で知り、一度食べてみたいと家族で話していたお品物でした。

◆当方の健康をお気づかいいただき、ありがとうございます。（健康食品を贈られて）

贈り物をいただいたお礼

相手の気持ちへの感謝を主体にまとめます

旬の名産品を贈られて　本人→親戚

日増しに緑が濃くなり、初夏の訪れを感じるころとなりました。皆様お元気でお過ごしのことと存じます。

さて、本日、香り高いアスパラガスが届きました。当地では見かけることのないホワイトアスパラですが、そのおいしさを舌がしっかり覚えてしまい、◆図々しいとは思いつつ毎年楽しみにしている次第です。

おばさまが昨年教えてくださったレシピで、今晩はあえ物にすることにします。

まずはとり急ぎ御礼のみにて。　かしこ

◆メモ　親しい相手から毎年送られてくるものなら「楽しみにしていた」と率直な気持ちを伝えるほうが好感を与えます。

新婚旅行のお土産をいただいて　本人→新婚夫婦

無事にハネムーンからお帰りになったのですね。一生に一度のたいせつな旅行ですから、♥おみやげなんか気にしないで二人で楽しんでくればよかったのに、と恐縮しつつもうれしくいただいています。

★当日は、なごやかでいい披露宴でしたね。お二人の晴れやかな笑顔を見て、私どもも幸せのおすそ分けをいただいたような気持ちになりました。

いずれ、旅行のお土産話のほうも聞かせてくださいね。まずはお礼まで。

♥マナー　「旅行中の忙しいときに、気にかけてくれていた」ことへの恐縮と感謝を主にします。

★注意点　挙式や披露宴へのほめ言葉も忘れずに。

誕生日プレゼントをいただいて　女性→息子の妻

詩織さま

思いがけない誕生日プレゼントをありがとう。「おめでたい」という気持ちはすでにないのだけれど、祝ってもらえるのはやはりうれしいものね。

春らしい柄のスカーフで、たいへん気に入りました。さっそく、明日スポーツクラブに行くときに使わせていただきますね。ジム友のうらやましがる顔が浮かびます。

仕事のことと家のこと、いろいろ忙しいでしょうけど、雄介とうまくシェアして、無理しないようにね。

★すてきなお心づかいに感謝を込めて。母

★注意点　新婚で初めて誕生日や母の日を祝われたときは、すぐ謝意を伝えるとともに、翌年以降辞退するかどうかも検討しましょう。

カタログギフトの場合　本人→知人

このたびはごていねいなお心づかいをいただき、まことにありがとうございます。

◆食べ盛りの子どものリクエストで、さっそくすき焼き用の牛肉を依頼しました。

まずは一筆お礼のみにて。

◆メモ　何を注文したか報告するとていねいです。

お礼の品を贈られて　本人→知人

ごていねいなお手紙と銘菓を本日受けとりました。先日の件についても、詳細な報告をいただきありがとうございます。◆たいしたお世話もしておりませんのに、お気づかいをいただき恐縮しております。今後の順調な推移をお祈りしつつ、まずは御礼まで。

◆メモ　「たいしたことはしていない」と謙虚に。

結婚祝いへのお礼

主賓と披露宴に招待しなかった人にはお礼状を出します

主賓へのお礼　新郎新婦→恩師

拝啓　錦秋の候となりましたが、先生にはご健勝にお過ごしのことと存じます。

先日の私どもの結婚披露宴では、お心のこもったご祝辞をいただき、まことにありがとうございました。♥そのうえ過分なお祝いまでちょうだいし、恐縮しております。

未熟な二人ではございますが「＊＊」という先生からいただいたお言葉を胸に刻み、力を合わせて新しい生活を築いていく所存です。どうか今後ともご指導のほどをよろしくお願い申し上げます。

敬　具

♥マナー　お礼としては、当日「お車代」をお渡しするのが礼儀です。辞退されてしまった場合は、商品券などを同封するのも一法です。

お世話になった人へ　新郎新婦→友人

先日の私どもの披露宴では、受付を担当していただき、ほんとうにありがとうございました。にこやかに、そして的確にお客様に対応していただいたおかげで、たいへんスムーズだったと、両親も申しておりました。頼りになる友人がいて心強いです！

新婚旅行から無事に帰国しました。ささやかなおみやげを、お礼のしるしにお送りしますので、召し上がってください。

♣これからも、どうぞよろしくお願いいたします。まずはお礼まで。

♣応用　＊当日はあまりお話しできなかったので、近いうちにゆっくりお会いしたいです。
＊新居にもぜひ遊びに来てくださいね。

披露宴を行わなかったときのお礼

新郎新婦→知人

春らしい日ざしがうれしいころとなり、おすこやかにお過ごしのことと存じます。

このたびの私どもの結婚に際しましては、ごていねいなお祝いをいただきまして、まことにありがとうございました。

皆様へのご披露の席を設けず、◆親族のみの食事会をけじめといたしましたこと、お許しください。これからは二人で協力し、明るい家庭を築いていきたいと存じます。

本日、ささやかな内祝のしるしを別便にてお送りいたしました。

これからもご指導ご助言のほど、どうぞよろしくお願いいたします。

◆メモ　親族の食事会を行ったことを書き添えれば、「披露宴をしない＝ワケあり」ではないことが伝わります。

披露宴に招待しなかった人へ

新郎新婦→親の知人

拝啓　初夏の候、ますますご清祥のこととお喜び申し上げます。

このたびは、ごていねいに結婚祝いをお贈りいただきまして、まことにありがとうございました。遠方ですので披露宴へお招きするのも心苦しく、控えさせていただいておりました。このようにお心づかいをいただきまして、恐縮しております。

気持ちばかりではございますが、内祝のしるしをお届けいたしますので、お納めくださいますようお願い申し上げます。

♣未熟な両名ですが、今後ともどうぞよろしくお願いいたします。

敬具

♣応用　＊両親からもくれぐれもよろしくとのことでございます。＊帰省の折にはあらためましてごあいさつに伺う所存です。

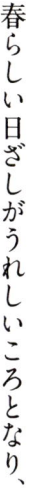

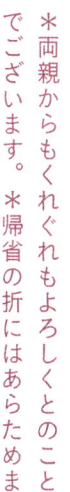

子どもの成長に伴うお祝いへのお礼

子育ての近況を伝えながら心を込めて

出産祝い　夫婦連名→親戚

五月晴れの空が広がる季節となりましたが、お元気でお過ごしのことと存じます。

このたびは、心のこもったお祝いをいただき、まことにありがとうございました。

初めての育児はとまどうことも多いのですが、二人で助け合い、子どもとともに成長したいと思っております。これからもご指導のほどよろしくお願いいたします。

なお、ささやかながら内祝をお届けいたしますのでお納めください。♣落ち着きましたら、＊＊の顔を見せに伺います。

♣応用　多人数に出す場合は、子どもの写真を入れるなどしてパソコンでお礼状を作成しても。その場合、最後の1行は省きます。

小学校入学祝いへのお礼　親→親戚

いつの間にか葉桜の季節となりました。

先日は、優香のために入学祝いをいただき、まことにありがとうございました。

最近、外国のことに興味を持ち始めたようですので、♣いただいたお祝いで地球儀を買わせていただきました。本人もたいへん喜んで、毎日ながめております。主人からも、くれぐれもよろしくとのことです。

本日は、心ばかりの内祝をお届けいたしますので、どうかお納めくださいませ。

まずは一筆御礼のみにて。

かしこ

♣応用　お祝いに現金をいただいたときは、文例のように何を購入したか報告するか、「有効に使わせていただきます」とします。

中学入学祝いへのお礼　親→夫の両親

このたびは潤のために過分なお祝いをちょうだいいたしまして、まことにありがとうございました。

電車通学になりますため、親としても何かと心配があり、★少し早いのですが、お祝いでスマートフォンを持たせることにいたしました。「おじいちゃま、おばあちゃまに買っていただくのだから、ゲームばかりに使ってはダメよ」とくぎを刺しておくことにします。

本人も、つたないながらお礼の手紙を書きましたので同封いたします。

まずはお礼のみにて失礼いたします。

★注意点　中学生のスマホ所持率は5割を超えていますが、祖父母世代に対しては「早いのですが」とことわりを入れておくのが無難です。

中学入学祝いへのお礼　本人→祖父母

じぃじとばぁばへ

先日は、♥僕のために入学祝いを送ってくれて、ありがとう。

いよいよ四月から中学生です。行きたかった学校に進むことができ、うれしいです。勉強や友だちのことで、心配はあるけど、♣精いっぱい努力するつもりです。

これからも、よろしくお願いします。まだ寒い日があるので、かぜをひかないように気をつけてね。

ほんとうにありがとう！

潤

♥マナー　中学入学以降は、本人からもお礼状を。話し言葉の調子で書くほうが自然です。

♣応用　＊充実した三年間になるよう、勉強も部活もがんばります。＊勉強や友人との新しい出会いや発見を楽しみにしています。

就職・卒業祝いへのお礼

将来に向けての意気込みを盛り込みます

就職祝いへのお礼　本人→親戚

このたびは、就職祝いをお贈りいただき、ほんとうにありがとうございます。あこがれのブランドだったので、思わず歓声を上げてしまいました。さすが叔母様のお見立て、たいへん機能的なデザインですね。さっそく入社式から使わせていただきます。

　叔父様叔母様には、幼いころからかわいがっていただきましたが、♣今後は、社会人の先輩としても、ご指導をよろしくお願いいたします。まずは御礼のみにて。

碧

♣応用

＊今後は社会人としての自覚と責任を持って行動しなくてはと身の引き締まる思いです。＊いままでのような甘えは許されないと、決意を新たにしているところです。

卒業祝い（就職未定）へのお礼　本人→親戚

桜便りの届く季節となりましたが、お元気でお過ごしのことと存じます。

　このたびは私の卒業をお祝いいただき、ありがとうございます。★ご存じのように、今後は資格取得をめざす生活となります。

　伯父様からは、あたたかい励ましのお言葉をいただき、胸にしみ入りました。ご期待に添えるよう、また、両親を早く安心させられるよう、いっそう努力する覚悟でおります。どうか、今後ともご指導ご助言のほどよろしくお願い申し上げます。

★注意点

「就職が決まらず」「内定に至らず」などのネガティブ表現ではなく「将来の目標に向かって努力」というポジティブ表現で。

受賞・叙勲祝いへのお礼

謙虚な姿勢を忘れずに、今後の精進を誓います

受賞祝いへのお礼　本人→知人

拝啓　早春の候、ますますご健勝のこととお喜び申し上げます。

さて、このたびの＊＊展入選に際しましては、お心のこもった★ご祝詞とお祝いをいただき、心より御礼を申し上げます。

これもひとえに皆様のおかげと、感謝の気持ちでいっぱいでございます。今回の入選を励みといたしまして、これからも誠心誠意努力を重ねてまいる所存でございます。今後ともご指導ご支援のほどよろしくお願い申し上げます。

敬　具

★注意点　ご祝詞（祝う気持ちと言葉）→お祝い（金品）の順番を守りましょう。気持ちが第一で、それを形にしたものが金品だからです。

叙勲祝いへのお礼　本人→業界関係者

謹啓　初冬の候、皆様にはいよいよご清祥のこととお喜び申し上げます。

このたび秋の叙勲に際し、はからずもその栄に浴し、身の引き締まる思いです。

今回の栄誉は、私一人の掌にあるものではなく、これまでご訓導いただいた皆様のおかげと、心より感謝しております。今後もいっそう精励いたす所存でございますので、ご厚誼のほどよろしくお願い申し上げます。

末筆ながら、皆様のご健勝とご多幸をお祈り申し上げます。

♥◆謹　言

♥マナー　慶事なので日付は「＊月吉日」とします。

◆メモ　儀礼的なあいさつ状は、印刷する場合に厚紙のカードを用いるのが一般的です。

昇進・栄転祝いへのお礼

自分をたたえる表現を避け、「転任」「着任」に

基本的な文例 本人→関係者

拝啓　陽春の候、ますますご清祥のこととお喜び申し上げます。さて、私こと
　このたびの異動により＊＊支社に転任となり、過日着任いたしました。本社在勤中は、格別のご厚情を賜り、まことにありがとうございました。新しい任地におきましても、微力ながら職務に精励する所存ですので、いっそうのご指導を賜りますよう、よろしくお願い申し上げます。
敬具

マナー
♥ごていねいなお心づかいをいただき、まことにありがとうございました。
グループから記念品をいただいた程度なら、印刷のあいさつ状に一筆添えればOK。

昇進祝いへのお礼（お返しなし） 本人→取引先

桜花の候となりましたが、ますますご清祥のこととお喜び申し上げます。先日は、ごていねいなお心づかいをいただき、まことにありがとうございました。また、これまで賜りましたご厚情に、あらためて心より御礼を申し上げます。
近日中に、新担当者とともにごあいさつに伺う所存ですので、どうか今後ともよろしくお願い申し上げます。
◆お引き回しのほどをお願い申し上げます。
まずは略儀ながら書中にて御礼のごあいさつとさせていただきます。

メモ
「お引き回し」とは、指導や世話をしてもらうことを、その相手を敬っていう表現。外部の取引先などに向けて使います。

赴任先の名産品を送る　本人→取引先

このたびの転任に際しましては、あたたかい励ましのお言葉とお心づかいをいただきまして、まことにありがとうございました。おかげさまで過日無事に着任し、引き継ぎをすませたところでございます。

土地の事情が違いますので不慣れなこともございますが、いままでご指導いただきましたことを今後に生かし、職務に邁進する覚悟でございます。

御礼のごあいさつのしるしに、★当地名産の＊＊を少しお送りいたします。

貴社ますますのご発展をお祈りいたしまして、まずは書中にて御礼申し上げます。

★注意点　返礼品を職場あてに送る場合は、日持ちのする個包装のお菓子などが好適品です。

妻が代筆する　妻→夫の知人

新緑が目にまぶしい季節となりました。

原田様にはいよいよご清祥のこととお喜び申し上げます。このたびの主人の転任に際しましては、過分なお心づかいをいただきまして、恐縮しております。

＊＊支社在勤中は、格別のご高配を賜り、心より御礼を申し上げます。夫婦とも去りがたい思いでいっぱいでございました。

これからも出張などで伺う機会もあるかと存じますので、どうぞ変わらぬご厚誼のほどをお願い申し上げます。

◆長期出張に出ております夫にかわり、まずは一筆御礼を申し上げます。かしこ

◆メモ　妻自身が相手と面識があるときは「（失礼ながら）夫にかわり」と書き添えます。お礼状は、本人が書くのが原則だからです。

開業・開店祝いへのお礼

過度なPRは控え、今後の指導を願う謙虚な姿勢で

開業祝いへのお礼 本人→先輩

先日は、ごていねいなお祝いをお贈りいただき、ありがとうございました。いつもお心にかけていただきうれしく存じます。

おかげさまで＊月＊日に新事務所をスタートさせました。何から何まで自分でこなさなくてはならず、時間がいくらあっても足りない状態ですが、その分、大きなやりがいと達成感があります。

♣未熟な私ですので、どうかこれからも折にふれアドバイスをお願いいたします。

まずは一筆御礼のごあいさつまで。

♣応用 ＊女性（男性）の目からご助言をお願いできればと思っております。＊今後ともあたたかいお力添えをお願いいたします。

開店祝いへのお礼 本人→知人

このたびは、私どもの新規開店にあたり、心のこもったお祝いをご恵贈いただきまして、まことにありがとうございました。

新しい土地での、ゼロからのスタートとなります。まだ手探りの状態ですが夫婦力を合わせて努力してまいります。

実店舗は遠方でございますが、オンラインでの販売も行っておりますので、◆サイトもご高覧いただければ幸いです。

森田様のご多幸とご健勝をお祈り申し上げまして、まずは御礼申し上げます。

◆メモ 店の地図や営業時間、定休日、ホームページのURLなど、利用する人の立場に立った情報を忘れずに盛り込みます。

新築祝いへのお礼

調度品のお祝いなら、どのように飾ったか具体的に伝えます

内祝品に添えて 本人→知人

小春日和のおだやかな日がつづいておりますが、おすこやかにお過ごしのことと存じます。先日は、りっぱな観葉植物をいただき、ありがとうございました。

さっそくリビングの窓辺に飾らせていただきました。まだ庭もととのえておりませんので、緑を目にすると心が安らぎます。

おかげさまで、新しい環境にも慣れてまいりました。★以前より遠くはなりましたが、ぜひ一度遊びにいらしてください。

本日は心ばかりの内祝をお届けいたします。まずは書中にて御礼まで。

★注意点 定番の「お近くにお越しの節は」以外の表現を工夫して気持ちの伝わる文面に。

新築披露のあとで 本人→親戚

昨日は遠方にもかかわらず、お越しいただきまして、まことにありがとうございました。♥そのうえ過分なお祝いまでいただきまして恐縮しております。

これまでのマンション暮らしとは異なり、地域の活動も活発なようです。私も積極的にかかわりながら暮らしていこうと、前向きに考えております。町内会の役員をしているおばさまには、これからいろいろアドバイスをお願いすることもあるでしょうが、どうぞよろしくお願いいたします。

♥マナー 披露の場で、お祝いへのお礼は述べているでしょうが、後日あらためて来訪のお礼を書き送るのがていねいな方法です。

自分がお世話になったお礼

「次は私が」と将来につなげる言葉で結びます

オールマイティ文例　本人↓知人

◆このたびは、たいへんお世話になりましてありがとうございました。おかげさまで、たいへん楽しいひとときを過ごすことができました。
次回は当方で行わせてください。

ささやかではございますが、お礼の品をお送りいたしますのでおおさめください。

まずは書中にてお礼申し上げます。

◆メモ
用件を問わずに使えるひな型です。お礼↓相手への感謝↓将来につなげる言葉(「次は私が」)↓お礼の品について、の順に構成します。あらたまった用件・相手の場合は頭語と時候のあいさつから始めます。

相手の家に招かれたお礼　本人↓友人

昨日はお招きいただきありがとうございました。炭火を囲んで、おおぜいで食べると、なぜあんなにも楽しいのでしょうね。

絶妙の手さばきで食材を焼いてくださっただんなさま、行き届いたおもてなしをしてくださった真理さん、♣息がぴったり合っていて、まさに理想のご夫婦でした。

こんどは、わが家にもぜひ遊びにいらしてくださいませ。また近いうちにお目にかかれるのを楽しみにしております。

まずはとり急ぎひと言お礼まで。

♣応用
＊心地よくて、すっかり長居してしまい申しわけありません。＊ご準備やあと片づけがたいへんだったことでしょう。

ごちそうになったお礼 本人↓知人

このたびは、貴重なお時間をさいていただいたばかりか、すっかりごちそうになってしまいまして、ほんとうにありがとうございました。

おいしいお食事を堪能し、また業界の有意義なお話を伺うことができまして、たいへん勉強になりました。重ねて御礼を申し上げます。

次回は、当方が★一席設けようと思いますので、おつきあいのほどよろしくお願いいたします。

まずは書中にて御礼申し上げます。

★注意点　「おごる」は目下の人にふるまうことなので「おごらせてください」という表現は失礼。「おごっていただき」とお礼するのも品格に欠けるので、手紙文ではNGです。

旅先でお世話になったお礼 本人↓友人

先日はお忙しい中、いろいろごていねいに教えていただき、まことにありがとうございました。

ご紹介いただいた「＊＊」というおすし屋さんで食事をしましたが、おっしゃる通り、コストパフォーマンスがよく、存分に楽しむことができました。◆地元のかたならではの得がたい情報の数々、ほんとうに助かりました。

おかげさまで、充実した旅行になりました。こちらへお出かけの節は、ご恩返しをさせていただきたいので、ぜひご連絡くださいませ。まずは一筆お礼のみにて。

◆メモ　どのように助けられたか、具体的に書きます。情報提供を受けただけなら、謝意を伝えるだけ(返礼品は不要)でOKです。

家族がお世話になったお礼

「お互いさま」にならないときはお礼の品を添えて

郷里の親がお世話になったお礼　息子・娘→親の知人

★初めてお便りをさし上げます。日ごろは、母がたいへんお世話になりまして、心より御礼を申し上げます。当方は、仕事の関係で東京におりますために行き届かず、皆様のお力添えを、まことにありがたいことと感謝し、また恐縮してもおります。御礼のしるしに、当地の粗菓を少々お送りいたしますのでご笑納ください。
　年末には帰省する予定ですので、あらためて御礼のごあいさつに伺いたいと存じます。まずは書中にて御礼申し上げます。

★注意点　相手と面識がない場合は、封書の差出人のところに「自分の名（親の名・長男）」とただし書きをしておくとよいでしょう。

親が入所する施設へ　息子・娘→施設職員

いつも父がお世話になりまして、ありがとうございます。私どもは農作業に従事しているため、なかなか貴所を訪問することができず、心苦しく存じております。

　職員の皆様の親切でていねいな介護のもと、安心して父をゆだねることができ、御礼の言葉もございません。
★日ごろの感謝のおしるしまでに、私どもの畑でとれた苺をわずかばかりお届けしますので、皆様でお召し上がりください。
　どうぞ今後とも父をよろしくお願いいたします。まずは書中にて御礼まで。

★注意点　施設によっては、物品を受けとらないこともあるので、事前に確認します。

急病の親の救助者へ
息子・娘→親のご近所

　このたびは母がひとかたならぬお世話になりまして、心より御礼を申し上げます。

　後日、状態の落ち着いた母に聞いたところ、救急車の手配や持ち物の用意もしてくださったそうですね。もし小林様がいらっしゃらなかったら、と思うと、感謝してもしきれない気持ちでおります。

　直後は気が動転しており、お礼の言葉も尽くせませんでしたこと、おわび申し上げます。本日は、ささやかな感謝のしるしをお送り申し上げます。どうかご受納くださいますようお願い申し上げます。

　ご親切に深謝し、一筆御礼申し上げます。

マナー　高齢の親が独居しているときは、平常時から近隣にあいさつし「何かあったら」と自分の連絡先を知らせておくと安心です。

子どもを預かってもらったお礼
妻→夫の両親

　先日は、俊介と啓介を預かっていただき、ありがとうございました。おかげで、久々のクラス会を心おきなく楽しむことができました。健介さんが出張のため出席をあきらめていましたが、お母さんにやさしい言葉をかけていただき、ほんとうに感謝しています。

　子どもたちはわんぱく盛りですので、あとでお疲れが出なかったかと心配しております。きょう、デパートの物産展で珍しいお菓子を見つけましたので、お送りします。お口に合うとうれしいのですが。

　またご連絡いたします。一筆お礼まで。

マナー　「孫は来てよし、帰ってよし」という言葉があるように、祖父母には心身の負担をかけているので、ねぎらいの言葉を忘れずに。

協力や寄付へのお礼

きちんと報告することで相手の信頼感が高まります

基本的な文例　本人→協力者

拝啓　＊＊の候、ますますご清栄にお過ごしのことと存じます。
　先日の＊＊の際には、お忙しいところお力添えを賜り、まことにありがとうございました。◆おかげさまで、来場者にもたいへん喜ばれ、盛会のうちに終了することができました。これもひとえに皆様がたのご協力のたまものと深く感謝する次第です。
　今後とも変わらぬご支援のほど、どうぞよろしくお願いいいたします。まずは略儀ながら書中にて御礼申し上げます。
敬　具

◆メモ　協力者が多数いるときは、用紙かはがきに印刷してもOKですが、無事に終了した報告を兼ねてお礼状は出したいものです。

寄付・カンパへのお礼　代表者→協力者

　このたびは、病院ボランティアの会＊＊の活動にご理解をいただき、多大なご寄付をちょうだいいいたしましたこと、まことにありがたく厚く御礼を申し上げます。

　本田様からのあたたかいお気持ちは、◆小児科病棟患者のための紙芝居舞台購入費にあてさせていただきました。舞台使用中の写真を同封いたしますのでご高覧ください。

　まことに略儀ではございますが、書中をもちまして御礼を申し上げます。

◆メモ　寄付金の場合は使途を、「＊＊のために」と目的があって寄付を募ったときは（口数や人数と）総額を明確に記載します。

借りたものを返すときのお礼

相手の好意への感謝を主体に書きます

着がえを借りた幼稚園へ　親→先生

　昨日は、娘が粗相をいたしまして備品の下着に着がえさせていただいたとのこと、お手数をおかけして申しわけありません。
　洗濯してご返却するとともに、♥買いおきの品を寄付させていただきます。よろしければ園のためにお使いくださいませ。

♥マナー　新品を添えることは必須ではありません。

借りたDVDを返すとき　本人→友人

ありがとう！　やはりこの監督の作品は見ごたえがあります。次の会は、あいにく欠席のため♥お送りします。まずはお礼まで。

♥マナー　少額でもお礼品を同梱するのが基本です。

返すのが遅れた　本人→恩師

拝啓　本年も残すところわずかとなりましたが、先生にはご健勝のこととお喜び申し上げます。
　先日は、貴重なお写真を快くご貸与くださいまして、まことにありがとうございました。おかげさまで、たいへん説得力のある資料を作成することができました。私の力不足で進行が遅れ、ご返却が遅くなりましたことをおわび申し上げます。
　ほんの心ばかりですが、お礼のしるしをお送りいたしますので、★ご笑味いただければ幸いです。まずはお礼まで。
敬　具

★注意点　「笑味」は、食べ物を贈るときの謙遜表現。相手に対して「賞味」と書くのは誤りです。

就職・転職でお世話になったお礼

就職の世話へのお礼（採用）　本人→親の知人

拝啓　夏空がまぶしい季節となりましたが、川村様にはご清栄にお過ごしのこととお喜び申し上げます。

このたびは、私の就職のためにひとかたならぬお世話をいただき、まことにありがとうございました。おかげさまで、ご紹介いただだきました＊＊株式会社から、本日採用内定の通知がございました。これもひとえに川村様のお力添えのおかげと、心より感謝いたしております。

♥後日あらためてごあいさつに伺いますが、まずはご報告申し上げます。　敬　具

♥マナー　手紙または電話でまず報告しますが、その後直接伺ってお礼の品を渡します。

不採用の場合も必ずお礼状を書きます

就職の世話へのお礼（不採用）　親→知人

このたびは、娘の就職に際しまして、あたたかいご助言をいただきまして、まことにありがとうございました。

ただ残念ながら♥力不足により採用には至りませんでした。せっかくのご厚意にこたえられず、◆申しわけなく存じます。

今回は、このような結果となりましたが、どうか今後とも変わらぬご指導をよろしくお願い申し上げます。ささやかですが、感謝の気持ちをお届けいたしますので、お納めくださいますようお願いいたします。

♥マナー　本人の力不足の結果だと強調します。

◆メモ　期待にこたえられず心苦しいというおわびのニュアンスを盛り込みます。

転職の世話へのお礼　本人→知人

拝啓　浅春の候、ますますご健勝のこととお喜び申し上げます。

先日は、私の転職のために親身なお力添えをいただきまして、まことにありがとうございました。

阿部様のご紹介とあって、人事担当者との連絡もスムーズに進み、本日、採用の連絡をいただきました。阿部様が間に入ってくださらなければ、このような首尾にはならなかったものと、深く感謝しております。

今後は、◆阿部様からのご恩を胸に刻み、努力してまいる所存ですので、引き続きご指導のほどよろしくお願い申し上げます。

まずはご報告と御礼まで。

敬具

◆メモ　相手の存在の大きさに敬意を表しながら、感謝の気持ちと今後の決心を伝えます。

内定先へのお礼　本人→人事担当者

拝啓　季夏の候、貴社ますますご隆盛のこととお喜び申し上げます。

先般は、説明会や面接で貴重なお時間をいただき、まことにありがとうございました。また、本日は内定通知を頂戴し、家族とども◆欣喜雀躍しております。

一日も早く貴社に貢献できる人材となるため、卒業までの日々も勉学に励む所存です。未熟者ではございますが、ご指導ご鞭撻のほどよろしくお願い申し上げます。

まずは略儀ながら書中にて御礼を申し上げます。

★敬具

◆メモ　「欣喜雀躍《きんきじゃくやく》」とは躍り上がって大喜びすること。カジュアルにまとめたいときは「たいへん喜んでおります」でOKです。

★注意点　新卒なら差出人名に学校名などを添えて。

ビジネスでお世話になったお礼

手紙なら居ずまいを正した感謝を伝えられます

新規取引先へのお礼　本人→取引先

拝啓　新緑の候、貴社ますますご隆盛のこととお喜び申し上げます。

このたびは弊社と新規契約をご締結いただき、まことにありがとうございます。新たに貴社とご縁を結ばせていただいたこと、たいへん光栄に存じております。

このうえは、ご要望に添えるよう、さらにはご期待を上回る成果が出せるよう、誠心誠意努めてまいります。◆どうぞ、末永くよろしくお願い申し上げます。

まずは書中にて御礼申し上げます。　敬具

◆メモ　お礼状単体で送るほか、見積書や企画書を送付する際に自筆の手紙を添えると、よい印象を与えます。

会食に招かれたお礼　本人→取引先

昨日は貴重なお時間をさいていただき、そのうえ★おもてなしにもあずかりまして、まことにありがとうございました。

石川様ご愛用のお店だけあって、お料理も雰囲気もすばらしく、感服いたしました。また、有益なお話をさまざま伺えましたことも、大きな収穫となりました。

今後、信頼関係をいっそう深め、よい取引を継続していきたいと考えておりますので、なにとぞよろしくお願いいたします。

まずは一筆御礼申し上げます。

★注意点　「ごちそうになり」「ご接待いただき」ではストレートすぎて品性に欠けます。「おもてなし(ご饗応)にあずかり」が◎表現。

来店へのお礼　本人→お客様

昨日は、お忙しい中ご来店くださりましてまことにありがとうございました。

　このたびお求めいただいたジャケットは、中島様にたいへんよくお似合いでした。昨日はパンツに合わせていらっしゃいましたが、先般お求めくださいました白のパンツとのコーディネートもすてきだと存じます。出番の多い一着になれば幸いです。

　春はもうすぐそこまで来ています。中島様にとって幸せな季節になりますように。

♣またのご来店をお待ちしております。

♣ 応用
次の来店につなげる表現を盛り込むよう心がけます。＊来月には新作も入荷いたしますので、またご連絡させていただきます。＊以前のお洋服のお直しなども承っておりますので、お気軽にご相談ください。

夫婦で招かれたお礼　妻→夫の取引先

　このたびはお招きにあずかり、ほんとうにありがとうございました。夫が仕事でお世話になっているかたに、ふだんお目にかかることがないものですから、緊張しておりましたが、皆様なごやかにお話ししてくださり、あっという間に時間がたってしまいました。

　ふだんは多忙で、夫婦で外出する機会がありませんので、このようなお誘いを受けて、たいへんにうれしく感じられ、お気づかいにあらためて感謝しております。

　皆様のご健勝と、貴社ますますのご発展をお祈り申し上げまして、書中にて御礼を申し上げます。

♥かしこ

♥ マナー
封筒の差出人部分に「自宅住所＋夫婦連名（＊＊株式会社）」と社名を記しておくのが、相手にとってわかりやすい書き方です。

退職・異動する人へのお礼

「これからもよろしく」と今後への継続を願います

定年退職する人へ　本人→先輩

♥石井さんのご卒業にあたり、ひと言御礼を申し上げたく、お手紙をさし上げます。

入社以来の多くのできごとを思い返し、「石井先輩はブレない人だった」と強く感じております。厳しいご指導にも、やさしい励ましにも、石井さんらしい芯が通っていました。だからこそ、私以外の社員も全幅の信頼をおいていたのだと思います。

これまで石井さんから学んだことを、今後にも生かせるよう精励してまいります。どうぞこれからもお見守りください。

ほんとうにありがとうございました。

マナー　口頭でのお礼のほか、特にお世話になった方へは、自宅に手紙を出すと喜ばれます。

途中退職する人へ　本人→先輩

これまで、指導社員としてお導きいただき、ありがとうございました。電話をとるだけでドキドキしていた新入社員の私が、飛び込み営業も臆さなくなったのは、ひとえに先輩のおかげです。

◆ますますのご活躍を！

メモ　年が近い先輩なら？や！を使ってもOK。

異動する人へ　本人→上司

◆3年間、親身なご指導をいただき、ありがとうございました。これからは毎朝恒例の「部長ギャグ」が聞けず寂しくなります。新任地でもスタッフを楽しませてあげてください。

メモ　部署一同から記念品などに添えて。

PART 5

お願いの手紙

願いを聞き入れてもらうためのマナーとコツ

お祝いやお礼の手紙は「おめでとう」「ありがとう」という自分のメッセージを伝えるのが目的です。しかし、お願いの手紙は、頼みごとを相手に承諾してもらったり、返事をいただいたりする必要があります。そのためには、相手がリアクションしやすく、また承諾の返事や的確な答えをもらえるような書き方をすることが大事。そのために以下のようなコツをマスターしましょう。

1. 3つの点を明確にする

❶冒頭で「お願いごと」だと明らかにする
事情を長々と説明したあとに「実は、お願いなのですが」では、相手はゲンナリします。

❷してほしい内容を具体的に書く
何を、いつまでに、と依頼内容をできるだけ具体的にまとめます。

❸相手に頼む事情をはっきりさせる
「あなたでなくては」という理由を示します。

2. ていねいな方法で伝える

人にものを伝える手段の「格」は、SNS(LINEやフェイスブックのメッセージなど)↓メール↓電話↓はがき↓封書の手紙の順に高くなります。SNSやメールで行ってよいのは、親しい人に向けての気軽な頼みだけです。あらたまったお願いの場合は、必ず手紙で行います。

また、相手と親しくても、お願いごとのときはていねいな言葉づかいを心がけましょう。

3.ソフトな表現を使う

❶クッション言葉を加える

クッション言葉とは、相手に対する「衝撃」をやわらげるエアバッグのような表現のこと。

次の文例で、【 】内のクッション言葉がないと、相手を不快にさせてしまうことあります。

【お手数ですが】資料をお送りください。

【恐れ入りますが】ご返答のほどよろしくお願いいいたします。

【差し支えなければ】〇月〇日に伺います。

【(たいへん)恐縮ですが】ご協力をお願いいいたします。

【勝手を申しますが】お聞き届けください。

【ごめんどうをおかけしますが】署名捺印の上ご返送くださいますようお願いいいたします。

【お忙しいこととは存じますが】ご出席くださいますようお願い申し上げます。

❷文末を命令調から懇願調にチェンジ

「お願いします」だけでは、上から下に向けて命令しているような印象を与えます。次のようにアレンジすると印象が変わります。

✖してください。
↓〇していただけます(でしょう)か。
↓〇していただけません(でしょう)か。

✖お願いします。
↓お願いできます(でしょう)か。
↓お願いできません(でしょう)か。

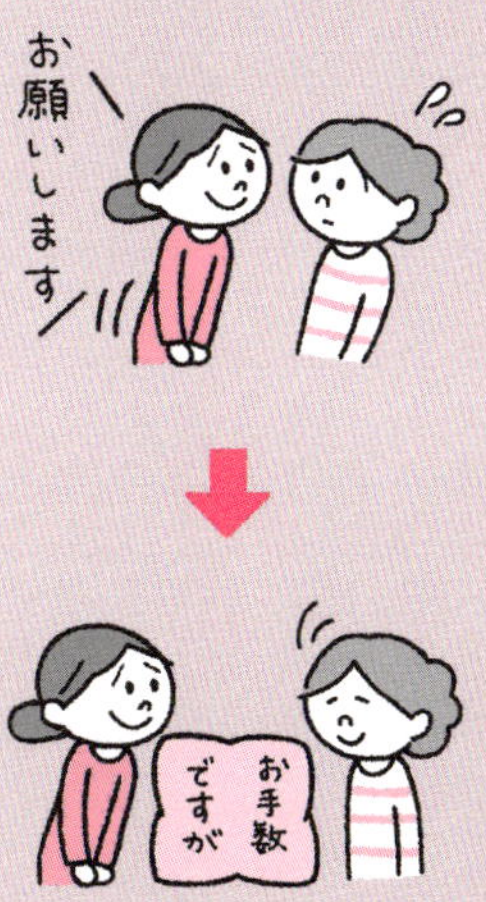

協力を依頼する手紙

押しつけがましくならないよう、表現に注意します

スピーチを依頼する　本人→恩師

拝啓　爽秋の候、先生にはますますご健勝にお過ごしのこととお喜び申し上げます。

このたびは、お忙しい中、私どもの披露宴にご出席いただけるとのお返事をいただき、まことにありがとうございました。

さらなるお願いで恐縮ではございますが、当日は新郎(婦)側主賓としてごあいさつを賜りたく、お手紙をさし上げました。

追って、♥ご都合を伺うためご連絡いたしますが、まずは書中にてお願いを申し上げます。

敬　具

♥マナー　頼みっぱなしにはせず、スピーチ時間の目安や内容について再度連絡すること。ちなみに当日は「お車代」をお渡しします。

物品の借用を依頼する　本人→恩師

拝啓　梅雨明けも間近となりましたが、先生にはご清祥のことと存じます。

さて、本日はお願いのために手紙を差し上げます。実は、仕事での研究のため、先生のご蔵書を資料として拝借したいのです。研究室の蔵書目録を同封いたしましたが、お借りしたいのは印をつけた5点です。図書館や古書店では調達できず、ご迷惑をかえりみずにお願いする次第です。

◆ご承引いただければ、研究室まで参上いたします。追ってご連絡いたしますので、よろしくお願いいいたします。

敬　具

◆メモ　「承引」とは承知して引き受けること。「了解」は友人どうしで使う平易な表現です。

寄付やカンパを依頼する　本人→同期生

前略　＊月＊日に発生した＊＊地震が、大きな被害をもたらしました。実は、私たちの同期＊＊＊＊君は、奥様の郷里である＊＊にお住まいですが、このたびの地震で自宅が全壊し、本人も家具の下敷きになって骨折するという災厄にあいました。２カ月ほどで退院できる見通しですが、ご心痛を思うといたたまれない思いです。

そこで♥有志から義援金を送ることにしました。趣旨にご賛同いただけるようなら、下記までお気持ちをお寄せくださいますようお願い申し上げます。

草々

（以下、振込先などの詳細を記書き）

♥マナー　「お返しなどの気遣いを避けるため、同期一同とし、個人名はお伝えしないことをご了承ください」とする方法もあります。

イベントへの協力を依頼する　本人→友人

きょうは◆折り入ってお願いがあり、お手紙をさし上げます。実は、私の所属している絵画サークルで、来月オークションを開催するのですが、当日の司会をしていただけないでしょうか。

人前で話すことに慣れていて、美術の分野にも造詣が深い人、と考えていきますと、あなたしかいらっしゃらないのです。実施要項は同封の書類のとおりです。いきなりお送りするのは失礼と思ったのですが、ご検討の資料にと思い、ご送付いたします。

近日中にまたご連絡しますが、よいお返事をいただけることを祈っています。

◆メモ　「折り入って」は、簡単な依頼ではないこと、相手にしか頼めない用件であることを、ていねいに伝えるための便利ワードです。

頼みにくいお願いの手紙

電話・メールでお願いするよりも誠意が伝わります

借金返済の猶予を依頼する　本人→知人

◆過日は、身勝手なお願いをお聞き届けいただき、ほんとうにありがとうございました。おかげさまで支払いを滞りなくすませ、母も治療に専念しております。

実は、重ねてのお願いになり、まことに心苦しいのですが、ご返済を一カ月ほどお待ちいただけませんでしょうか。返済にあてる予定だった入金が遅延したためで、来月末には確実にお返しできる予定です。

せっかくのご厚意に、きちんとお応えできず情けない限りですが、どうかお許しください。とり急ぎおわびとお願いまで。

◆メモ　緊急の用件なので、時候のあいさつなどは省きますが「前略―草々」を加えても。

子どもの宿泊を依頼する　妻→夫の弟夫婦

寒に入り、冷え込んでまいりましたが、皆様お元気にお過ごしのことと存じます。

さて、さっそくですが、あつかましいお願いのため、★お手紙をさし上げます。

実は2月＊日から＊日まで、娘の麻友が、大学受験のために上京いたします。つきましては、その間、お宅に麻友を宿泊させていただけないでしょうか。過保護だと笑われそうですが、一人でホテルに泊まらせるのは、親として何かと心配なのです。

あらためてご連絡いたしますが、どうぞよろしくご検討くださいませ。

かしこ

★注意点　電話では、即座に返事を求めることになるので、検討してもらえる手紙がベター。

親の世話を依頼する　妻→夫の姉

突然の手紙で驚かせて申しわけありません。実はお母様の件でお願いがあります。

先日、私が受けた健康診断の結果、精密検査が必要とのことで、2、3日入院することになりました。お願いというのは、私の入院中、お姉さん宅で、お母様を預かっていただきたいということなのです。◆お母様も、たまに健太君の顔が見たいとおっしゃっています。別紙のように、日程は調整できるようですので、お姉様のご都合に合わせます。★何かとご多用とは存じますが、ご検討くださいませ。後日またご連絡しますが、まずはお願いまで。

かしこ

◆メモ　親自身も乗り気であることをアピール。

★注意点　「たまに世話をするのは当然のこと」というニュアンスにならないよう注意します。

依頼キャンセルのお願い　本人→講演予定者

◆急啓　＊月＊日にご講演をお願いした＊＊小学校ＰＴＡの神田＊＊と申します。

たいへん申しわけないのですが、このたびの依頼をとりさげさせていただきたく、ご連絡をさし上げております。会員一同、先生のお話が伺えるのを楽しみにしておりましたが、諸般の事情で、講演会自体の開催が見送りとなってしまいました。

ご多忙にもかかわらずお引き受けいただきました先生には、まことに失礼な次第となりますこと、おわび申し上げます。

♥後日ごあいさつに伺いますが、まずは書中にてお願い申し上げます。

◆敬　具

◆メモ　「急啓ー敬具」は急用の際に用います。

♥マナー　手紙だけですませず、あらためて出向いてあいさつをするのが礼儀です。

就職・転職に関するお願いの手紙

相手への信頼と尊敬を強調しながら書きます

就職の助言を依頼する　本人↓親の知人

初めてお便りをさし上げます。♥父からもご連絡させていただいておりますが、本日は、私の就職についてのお願いのためお手紙をさし上げます。

これまで＊＊業界で仕事をすることを目標に勉学に励んでまいりました。この業界の第一線でご活躍の田村様のご助言をいただくことができればと、失礼を承知でご連絡申し上げた次第です。必要書類などを同封いたしましたので、お目通しのうえご指導をいただければと存じます。ご多忙中恐縮ですが、よろしくお願いいたします。

♥マナー　事前に紹介者から「依頼がいくのでよろしく」と伝えておいてもらうとスムーズです。

子どもの就職先の紹介を依頼　親↓知人

朝夕は過ごしやすくなった昨今、ご清祥にお過ごしのこととお喜び申し上げます。

実は、来春大学を卒業する娘のことでご相談したく、お便りをさし上げます。

＊＊業界への就職を熱望し、就職活動をつづけておりましたが、いずれも力不足で不如意な結果となりました。つきましては、♣ご交際範囲の広い前田様に、採用の情報をいただけないかとお願いする次第です。

突然書類をお送りするのは非礼ですが、娘の紹介を兼ねて同封いたします。後日ごあいさつに伺いますが、まずはお願いまで。

♣応用　＊豊富なご人脈をお持ちの＊＊様なら…　＊業界の要職にお就きの＊＊様なら…

就職先紹介の依頼　本人→郷里の友人

ご無沙汰しておりますが、ご健勝にお過ごしのことと存じます。本日は、折り入ってお願いがあり、ご連絡いたしました。

実は、来春いよいよ定年を迎えます。老親がおりますので、郷里に戻ることを考えておりますが、＊＊市での働き口にお心当たりはないでしょうか。

「これまでの経験と実績を生かし」などとは申しません。ただ、なんらかの社会貢献ができるような意義ある仕事を望んでおります。急がない話ではありますが、◆お心にとめておいていただければ幸いです。

来月に帰省する予定ですので、またご連絡します。まずは一筆お願いいたします。

◆メモ　緊急でない場合は、相手の負担にならないような書き方を心がけます。

就職の身元保証人の依頼　親→親戚

拝啓　秋も深まってまいりましたが、お変わりなくお過ごしのことと存じます。

さて、突然のお願いで恐縮ですが、来春就職する俊哉の身元保証人になっていただけないでしょうか。親以外に、在京の保証人を立てる必要があるとのことです。

こう申すのもはばかられますが、堅実な考え方と行動をする子ですので、♥今後ご迷惑をおかけするようなことは決してないと存じます。

ご承諾いただけるようであれば、本人とともにあらためてごあいさつに伺う所存ですが、まずは書中にてお願い申し上げます。

♥マナー　「形だけのものなので」という依頼の仕方は失礼。法的には債務を保証する責任があるので、迷惑をかけない誓いは必須です。

人物の紹介にかかわるお願いの手紙

「人と人とをつなぐ」重要な連絡です

人物の紹介を依頼する　本人→知人

前略　突然のご連絡で恐縮なのですが、後藤様は、弁護士の青木先生とお親しいと伺っております。差し支えなければ、先生をご紹介いただけないでしょうか。

実は、昨年他界した父の相続協議で、恥ずかしながらもめており、相続に精通された青木先生にご相談したいのです。ただ、不慣れなもので、ご連絡するにも気おくれがあります。後藤様のご紹介があればスムーズなのではないかと、ぶしつけなお願いを思い立った次第です。★近日中にお電話しますが、まずはお願いまで。

草々

★注意点　相手の返事が必要な依頼は、その後どのように連絡するか明記することが大事です。

知人を紹介する依頼状　本人→友人

お元気でご活躍のことと存じます。実は、懇意にしている知人の坂本氏から、遺産相続協議の件で、ご高名な青木弁護士のお力を借りたいので紹介してほしいとの依頼を受け、このようにお便りしています。

★トラブルの詳細は存じませんが、坂本氏は好んで問題を大きくするような人物ではありません。ここに至るまでには、相応の苦悩と憤りがあったものと推察します。

近日中に坂本氏から連絡がいきますので、諸条件が合えば、ぜひ力になっていただきたく、私からもお願い申し上げます。

★注意点　手紙はあとに残るものだけに「人柄は保証します」などと軽々しく書かないことです。

PART 6

断り・催促・抗議・苦情・おわび
～書きにくい手紙

断り

相手の気を悪くさせない断り方のマナーとコツ

依頼や誘いを受けたけれど、応えられないという場合は多いものです。しかし、相手が気分を害する断り方では「もう絶対お願いする(誘う)ものか!」などと思われてしまい、その後のコミュニケーションに悪影響を及ぼすこともあります。

「NO」という返事だけで終わるのではなく、今後につなげる「YES」で結ぶように心がけることで、前向きな文面になり、好感度が高くなります。

1. 失礼な断り方やあいまいな返事はNG

◆理由が明確でない断り方

✖今回はパスします。

✖無理です。

✖私はやめて(遠慮して)おきます。

「NO」だけなので、相手を拒絶するような印象を与えます。また、これらの表現は「上から目線」と受けとられることが多く無礼です。

◆あいまいな返事

✖考えておきます。

✖今は出席できるかどうかわかりません。

✖伺えるようなら伺います。

「NO」と書いてはキツいかもしれない、とこのようなあいまいな表現を用いる人も多いものです。しかし、相手は「YES」の返事ととらえたり、期待を持ったりすることもあります。

2. クッション言葉を加えて理由を説明する

礼儀正しく断るには、次のように、3段階で文章を組み立てましょう。クッション言葉がないと、冷淡な文章になります。また、冠婚葬祭の案内を「ゴルフなので」と断ったり、勧誘を「興味がない」と断ったりするのは失礼です。

自分の気持ちを伝えるクッション言葉	相手が「それならしかたない」と思う理由	断りの言葉
あいにく	家庭の事情で	出席できません。
残念ながら今回は	どうしてもはずせない所用があり	欠席させていただきます。
申しわけありませんが	出張のため	お受けできません。
本来ならばお引き受けすべきところですが	仕事上の先約があり	今回はご容赦ください。
せっかくのご依頼ですが	社内規則で	見送らせていただきます。

3. 代案を出して今後につなげる

✕ 今回は出席できません。

○ 今回は都合がつきませんが、**次回はぜひ。**

✕ お受けできません。

○ 残念ながら見送らせていただきますが、**＊＊についてなら協力できます。**

「NO」で書き始めた返事を、かわりの案で「YES」に変換して結ぶと、好印象を与えます。また、代案を出すことで、条件さえ合えば相手の依頼を受けられるのだが、という誠意を示すこともできます。

断り

保証人や借金・借用を断る手紙

役に立てないことをわびる気持ちで

身元保証人の依頼を断る　本人→親戚

♥このたびは俊哉さんのご就職まことにおめでとうございます。また、保証人にとのご依頼は、光栄に存じております。

ただ、たいへん恐縮ですが、このたびの件はご辞退させてください。実は、勤務先で早期退職制度を導入し、それに応じようと検討しているからです。退職した場合の先行きは不明で、保証人という大役は少々◆荷が勝ちすぎていると感じております。

ご期待に添えず心苦しいのですが、事情をご賢察のうえ、ご了承ください。

♥マナー　就職内定を祝う言葉から始めます。

◆メモ　「荷が勝つ」と「荷が重い」は同義ですが、後者では嫌がっている印象を与えます。

借金の保証人の依頼を断る　本人→知人

お手紙拝見しました。♥ご窮状のほどお察しいたします。

しかし、申しわけありませんが、このたびのお話はお引き受けできません。実は、以前、妻（夫）の父が知人の保証人になって長年苦労したことがあります。その後どんなに親しいかたからの依頼でも、保証人だけは引き受けてはならない、引き受けたら離婚するとまで妻（夫）に言われているのです。

お力になれず情けないことですが、おわびかたがたお返事申し上げます。

♥マナー　債務の（連帯）保証人は、非常に大きな責任を背負うもの。よほどの事情がない限りは断りますが、まずは相手に同調します。

借金の依頼を断る　本人→目上の知人

拝復　思いがけないことで、さぞお困りのことと存じます。

♥なんとかお役に立てないものかと、妻（夫）にも相談しました。しかし、♣わが家は住宅ローンに加えて、子どもの教育ローンも抱える身で、到底余裕はなく、どうしてもご用立てすることはかないません。

これまでいろいろお世話になりましたのに、肝心のときにお力になれず、ふがいなく思いますが、どうか事情をおくみとりいただき、あしからずご了承ください。

事態の好転をお祈りします。

敬具

♥マナー　まず前向きに検討したことを伝えます。

♣応用　裕福だと思われがちな経営者は「会社の個人保証で」「資金繰りは厳しい」などと。

借用の依頼を断る　本人→友人

♦とり急ぎお返事申し上げます。ご依頼のあったワゴン車の件ですが、♣あいにくその日は郷里で法事があるため、前日から車で向かうことになっています。タイミングが合わず、申しわけありません。

お貸しすること自体はまったくかまいません。別の日程ならだいじょうぶです。

気を悪くなさらないでくださいね。

♦メモ　通常はメールでやりとりする間柄でも、自筆でメッセージを送ることで、相手を大事に思っている気持ちが伝わります。

♣応用　借用を断る場合は「貸すのがいやなわけではないが、たまたま貸せない事情がある」とするのが無難です。
＊ちょうど、私自身が使う予定があります。
＊つい先日、処分してしまったところです。

断り

依頼や勧誘を断る手紙

その後も人間関係を保つことを心がけて

親の世話の依頼を断る　妻→夫の姉

♥申しわけなくてお電話しづらく、お便りします。先日お話のあったお父様を病院へお連れする件ですが、その日は息子の受験の保護者面接の日でした。私がうっかりしてスケジュール帳を一週間見誤ってしまいました。当日は隆利さんが出張のため、どうしても私が行かなくてはなりません。

一度お受けしておきながら、お断りする結果となり、身の縮む思いでおります。

どうかお許しください。まずは心苦しいご連絡まで。

♥マナー　いったん受諾してあとで断るのは、大変失礼なことなので、おわびの気持ちを前面に出しながらお断りします。

化粧品のセールスを断る　本人→知人

先日はサンプルをお送りいただき、ありがとうございました。新しくお仕事を始めてご活躍のごようす、頼もしい限りです。

さっそくですが、ご案内いただいた商品の購入は当面見合わせたく存じます。最近、原因不明の発疹ができ、皮膚科に通院中なのです。化粧品も、パッチテストをしたうえで最小限のものを使っており、新しい商品を試せる状態ではありません。

もし、◆周囲に興味を持つ人がいたらご紹介するよう心がけます。私自身については、そのような事情でご容赦くださいませ。

◆メモ　ソフトにまとめたいなら「私は無理だが周囲でさがしてみる」とフォローします。

ボランティアへの勧誘を断る　本人→友人

お元気でご活躍のようでなによりです。先日は、ボランティアにお誘いいただき、ありがとうございました。★子どもへの本の読み聞かせには関心があるのですが、今春から不定期のアルバイトを始めてしまい、現時点での参加はむずかしいと存じます。勤務の曜日が決まっていないため、もし重なってしまうと、仕事を優先せざるを得ず、かえってご迷惑をかけてしまいます。

♥状況が変われば、なんらかの形でお役に立ちたいとは思いますが、今回はご辞退いたします。どうかご理解くださいませ。

★注意点　たとえ興味のない誘いでも、相手の活動や思いを否定するような表現は控えます。

♥マナー　良好な人間関係を保ちたい相手には、今後につなげる言葉で結ぶのを忘れずに。

宗教の勧誘を断る　本人→知人

ごていねいなお手紙とパンフレットを拝受しました。私の病気のことをお心にかけていただき、ありがとうございます。

ただ、私は、現在の主治医を信頼し、納得して治療を受けております。もちろん不安はありますが、それは自分で受けとめなくてはならないと覚悟を決めています。

岡本様のお考えや信仰は尊重いたしますが、そのようなわけで、私自身は新たな信仰を持つ気持ちはございません。

◆今後もお誘いは遠慮いたしますので、あしからずご理解くださいますようお願い申し上げます。

◆メモ　宗教の勧誘は好意にもとづくものなので、相手を否定する表現はNGですが、興味がないときは、ていねいにきっぱり断ります。

「まだか」「いやだ」「困る」という気持ちを、相手に強くぶつけるのは逆効果です。相手は、自分の存在自体を否定されたような気持ちになり、聞く耳を持たなくなりがちだからです。

また「いやだ」「困る」というだけでは、問題は解決しません。相手にどうしてほしいのかの「落としどころ」を意識して書き、その目的のために、自分が多少譲歩することも必要です。

1. いきなりダメ出しをしない

✖ ピアノの音がうるさくて困ります。

○【突然で恐縮ですが、】お宅様のピアノの件でご**相談**があります。

✖ まだ振り込まれていません。

○【恐れ入りますが】＊月＊日現在、入金が**確認**できておりません。

✖ 貸したものを返してもらっていません。

○【つかぬことを伺いますが】私がお貸ししたと**記憶**しているのですが、いかがでしょうか。

最初から「相手が悪い」と決めつけないこと。悪気がなかったり、忘れていたり、あるいはなにか事情があってのことかもしれません。

【 】のクッション言葉を加え、相談・確認・記憶などの好感ワードを使って書き始めます。

2. 具体的な解決方法を提案する

✖ 夜にピアノを弾くのはやめてください。

○ **夜10時以降は**お控え願えませんでしょうか。

✖ 早急にお振り込みください。

○ **＊月＊日までに**お振り込みくださいますようお願い申し上げます。

✖ すぐに返してください。

○ お忙しいようでしたら、**宅配便などで**お送りいただければ、たいへんに助かります。

ピアノの音がうるさいからと「いっさいやめてくれ」と苦情を言うのは乱暴です。時間を提案すれば、相手も納得してくれやすくなります。スムーズな解決のためには「具体的に」、「譲歩できる点は譲歩する」のが近道です。

3. お願いモードで友好的に結ぶ

解決方法の提案は、「してください」という命令調ではなく、前項のように「お願いします」「～してくださると助かります」という文調にします。結びをやわらかい表現にすることで、手紙文全体の印象がていねいなものになります。

早く返して！
宅配便などで
お送りいただければ
たいへんに助かります

貸した金品の返却を催促する手紙

初回と2回目以降では表現を変えて

借金の返済の催促（初回） 本人→知人

♥朝夕はいくぶん涼しくなってきました。

さて、さっそくですが、先日ご用立てした分について、お約束の期限を過ぎましたが、まだ入金が確認できておりません。お話ししましたように、私どもでも近々支払いの予定があるものを融通したわけで、そちらの期日も迫ってまいりました。

何か事情があってのことと拝察しますが、遅くとも今月末まではご返済くださいますよう、◆お願い申し上げます。

まずはとり急ぎ用件のみにて。

♥マナー 初回は、礼儀正しく時候のあいさつから。

◆メモ 「ご返済ください」だけでなく「お願いします」と結ぶことでていねいな印象になります。

借金の返済の催促（2回目以降） 本人→知人

とり急ぎ申し上げます。何度もご連絡をさし上げておりますが、お電話がつながりませんので、◆お便りいたします。

ご用立てした分をあてる予定だった支払いを待ってもらっている状態で、当方も困り果てております。今後も不誠実なご対応がつづくようであれば、法的な手段も考えざるを得ません。親しくおつきあいしてきたあなたに、このようなご連絡をさし上げなくてはならず、ほんとうに残念です。

早急なご連絡をお願いいたします。

◆メモ 「だれからだれへ、いつ、どんな手紙を出したか」を郵便局（郵便事業株式会社）が証明する「内容証明郵便」で送るのも一法です。

立替金の精算を催促する　本人→友人

先日は突然のお電話で失礼しました。遅ればせのご連絡になりますが、高校時代の友人は、西村さんと私が代表で参列し、皆様からのご香典をお渡ししてまいりました。私も雑事にとりまぎれ、昨日、通帳を確認したのですが、友子さんの分のお振り込みがまだのようでした。急ぎませんが、どうぞよろしくおとりはからいください。

★念のため、振込口座は＊＊＊＊です。催促がましくて恐縮ですが、♥お知らせしておかないと私も忘れそうなので。お気を悪くなさらないでくださいね。

では、よろしくお願いいたします。

★注意点　口座番号などの個人情報が含まれるときは、はがきでなく封書にします。

♥マナー　相手のメンツを傷つけないように配慮を。

貸したものの返却を催促する　本人→知人

残暑もようやくやわらいできたようですね。お元気でお過ごしのことと存じます。

きょうは、お貸しした留袖について伺いたいことがありご連絡しました。クリーニングしてからご返却くださるとのごていねいなご連絡をいただきましたが、その後いかがでしょうか。

実は、♥来月に姪の結婚式があり、私も留袖を着る予定です。和服のクリーニングは、洋服より期間がかかることは承知しておりますが、ご確認のうえ、今月末までにご返送いただけると助かります。お手数ですが、どうぞよろしくお願いいたします。

♥マナー　貸した品物の返却の催促は「こちらでも使う予定ができた」とするのが、最も妥当で、相手も納得しやすいものです。

抗議と苦情の手紙

冷静に、問題解決の道をさぐります

騒音への苦情　本人→近所宅

突然の手紙で驚かれたことと思いますが、♣直接は申し上げにくいお願いのため、このような形でお許しください。

最近、深夜まで、お宅様のオーディオの大音量が響いております。当方の事情によるお願いで恐縮ですが、拙宅には老親が同居しておりまして、就寝時間に大きな音がすると寝つけないと申しております。

可能でしたら夜10時以降は音を小さくしていただけないでしょうか。

どうぞよろしくご検討ください。

♣応用　＊ご不在のようですので、メモを残してまいります。＊なかなかお目にかかれませんので、手紙でご連絡いたします。

迷惑駐車への抗議　本人→駐車人

ドライバーの方へ

このところ頻繁に拙宅の前に駐車なさっているようですが、この通りは駐車禁止区域です。また、当方ならびに来訪者の出入りにも支障をきたしております。どうか近隣の有料駐車場などをご利用くださいますようお願い申し上げます。

失礼ながら、車のナンバーは控えさせていただきました。これ以上つづくようなら、♥やむを得ずレッカー移動の手配などをすることになりますので、お含みおきください。

良識ある対応を望んでおります。

♥マナー　相手の非が明らかな場合は、強硬手段の行使もしかたのないことです。

ペット飼育への苦情　本人→管理人

いつも行き届いたお仕事をありがとうございます。

本日は◆管理人さんに折り入ってお願いがあります。実は、マンション内でペットを飼っているお宅が複数あるようです。ベランダに干した洗濯物や布団に、風で飛んできた犬や猫の毛が付着していることもあり、とても不衛生です。

ご存じのように、当マンションではペットの飼育が禁止されています。お手数ですがご調査の上、ルールの徹底をお願いいたします。

なお、今後のご近所づきあいもありますので、当方からの連絡であることは伏せてくださいますよう、重ねてお願い申し上げます。

◆メモ　先方に直接抗議せず、管理人や町内会役員などに解決を頼むのもよい方法です。

不良品への抗議　本人→メーカー

前略　♥いつも貴社製品を愛用させていただいております。

同封の品は、＊月＊日、＊＊店で買い求めたものですが、中に白濁したかたまりがいくつも見受けられます。このような異常を発見したのは初めてですが、このままでは安心して貴社製品を手にとることができなくなってしまいます。

状態をご確認いただくため、商品を返送させていただきます。早急に原因を調査していただき、善処してくださるようお願いいたします。なお、送料着払いでご返送申し上げる失礼をお許しください。

草々

♥マナー　企業への苦情は、ただ非難するのではなく「いままで愛用し、これからも使いつづけたい」からあえて行う、という姿勢で。

おわび

相手の心に届く謝罪のマナーとコツ

書きにくい手紙の筆頭とされる、おわびの手紙。言葉の選び方によって相手に与える印象は大きく違います。

適切な対応をすれば、以前より自分側のイメージアップにつながることもあるのです。

1．手紙での謝罪の言葉の基本は2つだけ

✖ごめんなさい。
✖すみません。
✖おわび申し上げたいと思います。
○（まことに）申しわけありません。
○（深く／心より）おわび申し上げます。

話し言葉用の「ごめんなさい」「すみません」は、手紙では軽すぎて、誠意が感じられません。また、謝罪会見などで耳にする「おわび申し上げたいと思います」という表現では、思っているだけでおわびしていることにはなりません。

2．言い訳や事情説明はあとから最小限に

✖このところ多忙な日々がつづいておりまして、日程が変更されたというご連絡を、失念しておりました。申しわけありません。
○このたびは申しわけありませんでした。日程が変更されたという連絡を失念しておりました。

両方とも、書いている内容はほぼ同じですが、○例のほうがていねいで好感が持てます。✖例では、言い訳→事情説明→おわびの順で、回りくどい文章になっているからです。

3．謝罪の気持ちがこもった表現を使う

✕ 忘れていました。

○ **失念**しておりました。

「失念」は「覚えていたはずのことを」思い出せないこと、という意味で、自責の念を持っているという気持ちを伝えられます。

✕ お借りしていた品がなくなってしまいました。

○ お借りしていた品を**なくして**しまいました。

「なくなって」では、品物が勝手にどこかへ行ったかのような、無責任な表現になります。

✕ 言い訳はいたしません。

○ **弁解の余地もございません。**

✕例は、一見潔く思えますが、「言い分はあるが、ここではあえて書かない」という、含みを持たせた意味にとられることもあります。

✕ スタッフが失礼なことをしたそうで、おわび申し上げます。

○ このたびの**不行き届き**をおわび申し上げます。

自分に非がないときは、つい「〜だそうで」「〜のようで」など、他人事のような表現を使ってしまいがちです。そんなときは、配慮が足りなかったことをわびる「不行き届き（監督や指導が不十分で、注意が行き届かなかったこと）」を使います。

△ 深謝いたします（申し上げます）。

○ **陳謝**いたします（申し上げます）。

ビジネス上のおわびなどで用いる表現です。「深謝」には「深く感謝する」「深くおわびする」という2つの異なった意味があるため、謝罪の手紙では誤解を招かないよう「陳謝」を使うのがベターです。

おわび

借りた金品に関するおわびの手紙

できれば相手から催促される前に連絡を

借金の返済が遅れたおわび　本人→知人

お手紙を拝見しました。このたびは、無理なお願いをお聞き届けいただきましたのに、お約束を守れずほんとうに申しわけありません。実は、予定していた入金が一カ月延びることになり、ご連絡しようと思いながら、ご好意を裏切ることになるのが忍びなく、今日に至ってしまいました。

お手紙をいただき、身の縮む思いでおります。重ねてのご迷惑を心よりおわびいたします。なんとか来月末までお待ちくださいますよう◆伏してお願い申し上げます。

◆メモ　「伏して」は、文字通りへりくだって頼み込むときに用いる表現。「お許しくださいますよう、伏して……」などと使います。

借りたものを破損したおわび　本人→知人

先日は、ご親切に礼装一式をお貸しいただき、ありがとうございました。おかげさまで、誇らしい気持ちで参列しました。

実は、たいへん申しわけないのですが、草履にすり傷をつけてしまいました。私の不注意で、おわびの申し上げようもございません。★もちろん弁償させていただきますが、具体的にどのようにすればよいか、まずはご意向を伺ってからとお手紙をさし上げる次第です。追ってご連絡いたしますので、ご指示くださいますようお願い申し上げます。

まずはとり急ぎおわびまで。

★注意点　「弁償するのでお許しください」では、謝罪の気持ちと誠意が感じられません。

大事な会合を欠席したおわびの手紙

披露宴欠席のおわび　本人→友人

晴れの披露宴に出席するのを楽しみにしておりましたが、直前になって欠席のご連絡をさし上げ、まことに申しわけありませんでした。♥いろいろな準備に支障があったのではないかと案じております。

本来であれば、参上しておわびとお祝いを申し上げるべきところですが、まだ全快とはいえず、こうして心ばかりのお祝いをお送りする失礼をお許しください。

末筆ではございますが、お二人の末永いお幸せを心よりお祈り申し上げます。

♥マナー　飲食を伴う会合を直前に欠席すると、主催者は席や料理の調整に追われます。その負担を思いやり、恐縮する気持ちを伝えます。

必要に応じて会費の負担を申し出ます

同窓会ドタキャンのおわび　本人→幹事

このたびは、久々のクラス会だったのに、当日になって伺えなくなってしまい、ほんとうに申しわけありませんでした。

幹事の藤原さんには、たいへんなご迷惑をおかけしてしまい、心よりおわび申し上げます。★会費負担の件、当然のことと存じます。

おわびのしるしとともに、お送りいたしますので、どうぞお納めください。

高齢の親と同居しておりますと、突然思いもかけないことが起こりますが、どうかお見捨てなくおつきあいくださいますよう、お願いいたします。まずはおわびまで。

★注意点　キャンセルがきかない場合は会費を負担します。欠席連絡の際に確認しましょう。

家族が迷惑をかけたおわびの手紙

けがをさせたおわび　親→子どもの友人の親

このたびは申しわけありませんでした。悠斗君のおけがの具合はいかがでしょうか。翔太とともに伺いましたが、お留守のようですので、手紙を残してまいります。

担任の先生によれば、休み時間に翔太が振り回していたバットが当たったとのこと。♣本人も大いに反省し、また親の責任も痛感しております。なお、当然ながら病院の治療費については当方で持たせていただきますので、後日相談させてください。

近日中にあらためて伺いますが、まずはお手紙にて心よりおわび申し上げます。

♣応用
＊しつけの至らなさを恥じております。
＊本人も、しょげ返っております。

代理ではなく本人のつもりで書く姿勢が大事

子どもの万引きのおわび　親→店主

＊月＊日、貴店でご迷惑をおかけした＊＊の母(父)でございます。当日は、私も気が動転し、十分な謝罪もできぬまま失礼してしまいました。あらためて深くおわび申し上げます。また、◆寛大なおはからいをいただきましたこと、心より御礼を申し上げます。今後は店主様のご厚意に添うべく、親子とも気持ちを正してまいります。

なお、おわびの気持ちとして、粗品をお届けいたしますので、お納めください。

ほんとうに申しわけありませんでした。

◆メモ
商品を買い上げることによって、警察や学校への通報をまぬがれたときは、そのお礼の言葉も添えます。

親が入所する施設へ　本人(子)→施設長

このたびは貴所の入居者様に♥母がご迷惑をおかけしたとのこと、ほんとうに申しわけありませんでした。

まだ、★入所から日が浅く、環境に順応できないのだろうと存じますが、家族として悲しく、恐縮の思いでいっぱいでおります。お相手の入居者様には、スタッフのかたからどうかよろしくおとりなしくださいますようお願い申し上げます。

本来であれば、参上しておわび申し上げるべきところ、仕事の都合で、次回の訪問は今月末になる予定です。まずは、書中にて心よりおわび申し上げます。

♥マナー　入居者同士の暴言・暴力によるトラブルを知った場合は、家族からおわびします。

★注意点　言いわけがましくないよう留意します。

酔って迷惑をかけたおわび　妻→夫の友人

このたびは、♥金子がご迷惑をおかけして、まことに申しわけありませんでした。

深夜にもかかわらず、自宅までお送りいただき、お疲れが残ったのではないかと案じております。突然のことで、きちんとお礼もできず、そのうえ、ご帰宅になるためのタクシー代金のことを失念しておりました。ご無礼のほど、お許しくださいませ。

◆同封のものは、金子と相談しましてお送りいたしますのでお納めくださいませ。

まことに勝手ではございますが、これに懲りず、これからもよろしくおつきあいくださいますようお願いいたします。

かしこ

♥マナー　おわびの手紙では、主従関係を連想させる「主人」より、姓を記すのがよいでしょう。

◆メモ　現金は避け、商品券や品物を送ります。

おわび

苦情を受けたときのおわびの手紙

苦情を受けたおわび　本人→ご近所

お手紙拝見しました。オーディオの音のことは気にしていたのですが、そのような大きなご迷惑をおかけしていたとは思わず、たいへん失礼いたしました。♥お知らせいただいて、ありがとうございます。

今後は、ご提案のように時間を守り、ラグなどを敷いてなるべく音が響かないように改善いたします。

これからも、何かお気づきの点がありましたら、ご忠告のほどよろしくお願い申し上げます。末筆ながら、親御様にもどうぞよろしくお伝えくださいませ。

♥マナー　苦情を言う側にもためらいがあったはず。感謝の表現を添えると、相手が安心します。

自分に非がない場合は表現に注意して

過失がないのに苦情を受けたとき　店主→お客様

このたびはお忙しい中弊店へお越しいただきましたのに、★ご不快な思いをさせてしまい、心よりおわび申し上げます。対応が行き届かず、店主として責任を感じております。ご指摘いただきました点は、今後の接客に生かしてまいります。

まことに勝手なお願いではございますが、どうか今後とも弊店を従前同様ご愛顧くださいますよう、お願い申し上げます。

本来ならば参上すべきところ、まことに略儀ながら書中にておわび申し上げます。

★注意点　自分側に過失がない場合は、ミスへの謝罪ではなく、相手の気持ち(不快にさせた・迷惑をかけた)に対しておわびします。

PART 7

お見舞いの手紙／お見舞いへのお礼の手紙

相手の心に寄り添うお見舞いの方法とマナー

入院や災害の知らせを聞くと、すぐお見舞いに駆けつけるのが誠意のあかしと思われがちです。しかし、見舞いを受ける側にとっては、人に会いたくない気分の場合もあるでしょうし、検査や治療、あるいは復旧作業に忙しくて訪問を迷惑に感じることもあります。

状況によっては、まず手紙で見舞って落ち着いてからお見舞いに出向くほうがよいときもあるのです。

【状況別　お見舞いの贈り方マナー】

種類	お見舞いの金品	贈るときのマナー
入院見舞い（病気やけが）	現金	水引が蝶結びになった祝儀袋ではなく、赤白結びきりの袋、赤帯入りの専用袋、白封筒などを使う。表書きは「御見舞」「入院御見舞」など奇数の文字数にする。
	花	病気への影響を考えて「生花は禁止」の措置をとる病院がふえているので、事前に確認すること。贈る場合は、水換えの手間がいらないアレンジメントがよい。
	食品	内臓疾患の場合は、食事制限があることが多く、持参しないほうが無難。相部屋に持参の場合は、同室の人へも配慮して「分けられる」物を。果物は、皮をむかずに食べられる、いちごやぶどうが歓迎される。

入院見舞い（病気やけが）	その他	親しい間柄なら、病院売店では入手できない本や雑誌などをリクエストに応じて持参するのもよい。
災害見舞い	現金	袋や表書きは、入院の場合と同じ。ただし、火事見舞いのときは、赤線が「火」を連想させるため白封筒を用いる。
	日用品	要不要を相手に確認してから。重複すると、相手が困る。
介護見舞い	現金	家族あてに「御見舞」として渡すのはよいが、施設入所中の本人は管理がむずかしいので避けるのが賢明。
	食品	食事制限がなければ、本人の昔からの好物や、ほかの入所者・スタッフに配れる個包装のお菓子などが喜ばれる。ただし、物品を受けとらない施設もある。

【お見舞へのお礼のマナー】

入院見舞い	いただいたお見舞いの3分の1から半額程度を、赤白結びきりの水引と「快気（之）内祝」の表書きで贈る。「のし」の有無は地域の慣習によって異なる。不幸にして亡くなったときは弔事のかけ紙に「御見舞御礼」の表書きにするのが一般的。
災害見舞い	お返しは不要。落ち着いたらお礼状を出す（文例は158ページ）。

病気見舞いの手紙

時候のあいさつは省き、驚きの言葉から始めるのが基本

病気入院を見舞う　本人→知人

ご入院なさったと伺いまして、たいへん驚きました。手術は成功したとのことですが、その後おかげんはいかがと案じております。最近、お仕事がとても忙しいご様子でしたので、お疲れが出たのではと拝察しております。いまはただご療養につとめられ、一日も早くご快復なさいますことをお祈りいたしております。

いずれあらためて病院に伺いますが、まずは書中にてお見舞い申し上げます。

◆メモ
快復＝病気が治ること。回復・恢復＝失ったものをとり戻すこと。「失地回復」「疲労回復」などとも使うため、病気見舞いには「快復」がベターです。

病気入院を遠方から見舞う　本人→親戚

このたびは突然のご入院、心よりお見舞い申し上げます。いつもご多忙なので、骨休めのつもりで、ゆっくりご静養なさってください。遠方におりますため、病院に伺うことがかなわず、心苦しく存じます。失礼ながら気持ちばかりのお見舞いを同封いたしますのでお納めくださいますようお願い申し上げます。

遠からず、お元気なお姿にまたお目にかかれますことをお祈りしております。

どうぞお大事になさってください。

♥マナー
遠方から送る場合は、品物でなく現金にするのが一般的。目上の人に現金を贈るのは本来NGなので「失礼ながら」を添えます。

同僚の入院を見舞う　本人↓同僚

お体の具合は、その後いかがでしょうか。いつも明るく、職場のムードメーカーだった＊＊さんがいらっしゃらないと、寂しいです。

いまは、ご療養を第一に考えて、ゆっくりお休みになってください。ただ、ご入院なさったことで、＊＊さんの存在の大きさをあらためて知ったのも事実です。◆一日も早い、ご復帰を願っております。

見舞いは無用とのご伝言を受け、あえて控えさせていただきます。一同から、心ばかりのお見舞いを同封いたしますので、どうかお納めください。どうぞお大事に。

◆メモ　仕事の関係者の場合、「ゆっくり休んで」より「早く復帰して」のエールのほうが喜ばれることがあります。

むずかしい病気の場合　本人↓友人

日足もずいぶん伸びてきましたね。

ご入院先の病院は、たいへんに評判のよいところと聞いています。★安心して治療に専念できますね。

少しでもお気持ちのお慰めになればと、あなたのお好きな花の写真集をお届けします。ほかにも、リクエストがあれば、なんなりとご連絡ください。

ご快癒を心よりお祈りいたします。

★注意点　「名医」や「＊＊に効くサプリメント」などを安易にすすめることは厳に慎みます。また、重病の場合や闘病が長期にわたる場合に、「具合はいかが?」と「早くよくなって」の2つのフレーズはNG。励ましているつもりで、相手を深く傷つけてしまうことがあるからです。

けが見舞いの手紙

手術した場合は、術後が順調なことを確認してから

交通事故を見舞う　本人→知人

このたびは、★とんだ災難でしたね。心よりお見舞い申し上げます。

当時の状況を考えると、もっと大事故になってもおかしくなかったと伺いました。運転ののじょうずな＊＊様だからこそ回避できたのでしょう。

入院生活は、何かとご不自由と拝察しますし、お仕事のことなども気がかりでしょう。ただ、今はまずリハビリに専念なさり、一日も早くご復調なさいますことをお祈りしております。

★注意点　「災難」はもらい事故のときだけに使える表現。自責事故の場合は、原因にふれるのを差し控えるのが賢明です。

患者の家族を見舞う　本人→友人

このたびは、ご主人様がご入院とのこと、とても驚いております。

術後の経過は順調と伺っておりますが、美紀さんをはじめ、ご家族の心痛はいかばかりかとお察しいたします。

ご主人様の一日も早いご回復を心よりお祈りいたしております。

やさしい美紀さんのことですから、行き届いたご看病をなさっていることと存じます。♥ご心配でしょうが、お疲れが出ませんよう、どうぞご自愛ください。

♥マナー　家族にあてての手紙は、看病や介護にあたる疲労や心労をねぎらい、いたわりの言葉で結ぶとよいでしょう。

介護見舞いの手紙　相手をねぎらいながら、気持ちを明るく引き立てるように

義姉への介護見舞い　本人→夫の姉

夏本番を迎えましたね。遠方を言い訳に、なかなか伺えず申しわけありません。最近のお母様は食欲もあるようだと先日のお電話で伺いました。

♥お姉様が時間をかけて食べさせてあげたり、お母様の気持ちを引き立ててくださったりしているからこそと、頭が下がります。

名産の桃が旬を迎えましたので、少しお送りします。皆様でお召し上がりください。

また、お姉様へ、日ごろの感謝のしるしにささやかな品を同梱しました。お気に召していただければうれしいです。

♥マナー　具体的な事例をあげながら、親身な介護を感謝します。

友人への介護見舞い　本人→友人

お父様のご退院、おめでとうございます。

まじめで、責任感の強い加奈さんのことですから、きっとプロ顔負けの介護で、お父様に尽くしていらっしゃるのだろうと想像しています。でも、一生懸命になりすぎて、体調をくずされるようなことがあっては困ります。どうぞご自愛くださいね。

陣中見舞いといっては失礼ですが、甘味を気持ちばかりお送りします。

◆デイサービスが始まったら、こちらにもお出かけください。ランチしましょう！

◆メモ　介護者へのお見舞いは「自由時間を贈る」のがベスト。親戚なら半日でも介護をかわる、友人なら外へ誘い出すなどの検討を。

災害見舞いの手紙

本人の無事を喜び、早期の復旧を祈る言葉で結びます

被害が大きかったとき　本人→知人

ご自宅が罹災したと伺い、とり急ぎお便りいたします。ご家族の皆様も、どんなにか驚かれたことでしょう。被害が甚大だったそうで、さぞお力落としのこととお察しいたします。ご家族におけががなく、無事に避難できたことが、★せめてものことと存じます。

すぐにでもお手伝いに駆けつけたいところですが、何かとおとり込みと思われ、失礼ながら気持ちばかりのお見舞いを同封させていただきます。

早期の復旧を心よりお祈りいたします。

★注意点　「せめてもの救い」「不幸中の幸い」は、被害者が気持ちを奮い立たせるための表現。見舞う側が使うのはNGです。

火災（類焼）見舞い　本人→親戚

このたびは、たいへんでしたね。心よりお見舞い申し上げます。遠方におりますため、♥お手伝いにも伺えず、心苦しく思っております。

衣類が水浸しになったと母から聞いております。気持ちばかりではございますが、◆お子様の洋服を少々見つくろってお届けいたしますので、お納めください。

しばらくは落ち着かず、またお忙しい日々がつづくことと思いますが、どうぞご自愛ください。まずはお見舞いまで。

♥マナー　力になれない恐縮の気持ちを伝えます。

◆メモ　物品を送るなら、赤ちゃんや子ども用の品を優先するほうが喜ばれます。

地震見舞い　本人→友人

けさのニュースでそちらの大地震を知り、ほんとうに驚きました。さっそくお電話したのですがつながらず、心配しておりましたところ、裕美さん経由で♣ご無事に避難なさったことを知り、一安心しました。

遠くにおりますと、もどかしい思いが募ります。とり急ぎ、あなたの好物や日用品などを思いつくままに詰めまして、ご実家あてにお送りしました。ほかにも、何か不足しているものがありましたら、ご遠慮なくご連絡くださいね。

一日も早く、元通りの生活に戻れることをお祈りしています。

♣応用　大被害のときは次のような表現で。
＊どんなにご落胆のことかと案じております。＊お慰めの言葉も見つかりません。

風水害見舞い　本人→親戚

このたびの台風で★ご自宅が被害にあわれたと伺い、心を痛めております。

まだ新しいお宅ですから、さぞお力落としのことと存じます。どうかお気持ちを強くお持ちになってくださいませ。

週末には、♣主人と息子がお手伝いに伺うと申しております。その際に、何か必要なものがあれば持参いたします。金曜日にお電話をさし上げますので、なんなりとお申しつけくださいませ。

まずは一筆お見舞いまで。

★注意点　「浸水」「倒壊」など、被害を直接思い出させる文字は使わないようにします。

♣応用　＊ご迷惑でなければ、主人と息子が応援に参ると申しております。＊男手が多いほうが進むと存じますので、伺わせます。

入院見舞いへのお礼の手紙

内祝の品にお礼と現況を書いた送り状を添えます

基本的な文例　本人↓知人

＊＊の候となりましたが、ご清祥にお過ごしのこととお喜び申し上げます。

このたびの入院中は、♣ご丁重なお見舞いをいただき、まことにありがとうございました。ご心配をおかけしましたが＊月＊日、無事に退院いたしました。今後はいっそう健康管理に留意する所存ですので、変わらぬご厚誼をよろしくお願い申し上げます。

なお、◆内祝のしるしに心ばかりの品をお送り申し上げますのでお納めください。

まずは書中にて御礼申し上げます。

♣応用　病院に来てくれた方へは「ご多忙中お見舞いいただいたうえ、過分なお心づかいを」に。

◆メモ　快気内祝の品の送り状として出します。

病院へのお見舞いのお礼　本人↓友人

先日はお忙しい中、足をお運びいただきまして、まことにありがとうございました。病室におりますと、どうしても気弱になるものですが、♥明るく励ましていただいたおかげで、前向きな気持ちになれました。

おかげさまで＊月＊日に退院し、先日から職場にも復帰しておりますので、どうかご安心ください。今後は、皆様にご迷惑やご心配をおかけすることのないよう、自重するつもりです。

ささやかではございますが、内祝をお送りいたしますのでご受納ください。

♥マナー　直接お見舞いに来てくれた人には、励ましへのお礼を主体にします。

入院中に書くお礼　妻→夫の知人

いつも夫がお世話になりまして、あらためて御礼を申し上げます。また、このたびはごていねいなお見舞いをお届けいただき、まことにありがとうございました。

♥病状をお気づかいくださっての御品で、夫もたいへん喜んで食しておりました。★おかげさまで回復は順調で、月末には退院できる見込みとなりました。元気な姿で松本様にまたお目にかかれますよう、療養につとめてまいります。どうぞ今後ともよろしくお願いいたします。

まずは書面にて御礼まで申し上げます。

♥マナー　品物をいただいたときは、本人が喜んだ様子を具体的に伝えます。

★注意点　相手を心配させるような病状は書くのを控え、なるべく明るい要素を見つけます。

退院後、自宅療養するとき　本人→知人

このたびの私の入院に際しましては、あたたかいお気づかいをいただき、まことにありがとうございました。

おかげさまで、術後の経過は順調で、＊月＊日に退院いたしました。ただ、大きな手術でしたので、しばらくは自宅で静養し、早期の職場復帰をめざすことになりました。◆手術前より、生活の質は向上するとのことです。それを楽しみにして、療養に努めるつもりです。

退院の節目にあたり、心ばかりの♥内祝をお送りいたしますのでお納めください。まずは書中にて御礼のごあいさつまで。

◆メモ　現在の状態は、なるべく前向きに伝えます。

♥マナー　完治ではない場合、のし紙の表書きは「退院(之)内祝」「御見舞御礼」とします。

災害見舞いへのお礼の手紙

落ち着いた段階で報告を兼ねたお礼状を出します

地震見舞いへのお礼　本人→知人

◆先日の地震被害に際しましては、ごていねいなお見舞いをいただき、ほんとうにありがとうございました。

なにぶん突然のことで呆然とし、不安な日々を送っておりましたが、あたたかい励ましを受け、勇気づけられました。このたび、家屋の修復もすみ、ほぼ元通りの暮らしをとり戻すことができております。

ご連絡が遅くなりましたが、無事消光しております♥ご報告をもって、ご厚情への御礼のごあいさつとさせていただきます。

◆メモ　非常時なので、多人数に出す場合は、同じ文面をコピーまたは印刷してもOKです。

♥マナー　返礼品（内祝）は基本的に不要です。

火災の火元の場合　本人→知人

前略　このたびは、私どもの不始末でご心配をおかけし、まことに申しわけありませんでした。辛うじて発見が早く、大事には至りませんでしたが、近隣の皆様にも不安な思いをさせ、深く反省しております。

あとかたづけや諸手続きをすませ、ようやく落ち着きましたのでご休心ください。

ごていねいなお見舞いをいただきながら、♥ご報告と御礼が遅くなりましたこと、どうかお許しくださいますようお願い申し上げます。

草々

♥マナー　不幸にして火元になった場合は、書状とともに、「おわび」の無地短冊をかけた、あいさつの品を送る場合もあります。

風水害見舞いへのお礼　本人→親戚

先日の集中豪雨の際は、いち早くお見舞いのお心づかいをいただきまして、まことにありがとうございました。自宅は床上まで浸水し、大きな被害を受けましたが、家族全員が無事に避難できたことが、せめてもの救いと感じております。

数日間は避難所生活を余儀なくされました。しかし、その後は自宅に戻り、片づけも一応のめどがついたところです。

★失ったものもありますが、不安な日々を通して、家族の絆が深まったことが、今回の収穫ではないかと感じております。

末筆ながら皆様もご自愛ください。

ほんとうにありがとうございました。

★注意点　「プラス面→マイナス面」で書くと暗い印象になるので、文章の順番に留意します。

義援金を贈られたお礼　本人→同期生

先日は、あたたかいお心づかいをいただきまして、ほんとうにありがとうございました。卒業して＊＊年もたつというのに、お心にかけていただき感謝しております。

自宅マンションは半壊状態となりましたが、復旧工事の予定も決まらず、不安な毎日を過ごしています。でも、皆様からのお気持ちを受け、冷え切っていた心が、やさしいもので満たされていくのがよくわかりました。♥有意義に使わせていただきます。

本来ならば、おひとりおひとりにお礼を申し上げたいところですが、今回は、お世話をいただいた山崎さんから、皆様へくれぐれもよろしくお伝えください。

♥マナー　義援金の使途を報告する必要がありますが、未定のときは「有意義に」とします。

介護見舞いへのお礼の手紙

「いただきっぱなし」にならないよう配慮します

自宅介護見舞いへのお礼　家族→親戚

このたびは、ごていねいなお見舞いをいただき、まことにありがとうございます。最近の母は、飲み込む力が弱くなってまいりましたので、やわらかいゼリーを喜んでおりました。♥行き届いたご配慮とご温情に感謝いたします。

★先の見えない日々を、不安に思うことも正直ありますが、日々の小さな幸せや喜びを心の糧にして、介護にあたっていこうと前向きに考えております。どうか、これからもよろしくお願い申し上げます。

♥マナー　品物にこめられた「気持ち」へ感謝します。

★注意点　親戚など親しい間柄以外の相手へは「正直な気持ちの吐露」は割愛します。

不幸にして亡くなったとき　家族→知人

謹啓　亡父＊＊＊の病気療養中にはごていねいなお見舞いをちょうだいいたしまして　心より御礼を申し上げます

残念ながら祈りは届かず　父は永眠いたしました　あたたかいお心づかいと励ましをいただきましたことを　故人になりかわりまして　御礼申し上げます

♥七七日法要の節目にあたりまして　心ばかりのお礼のしるしをお届けいたしますので　ご受納くださいますようお願い申し上げます

敬白

♥マナー　香典返しに金額を「上乗せ」する方法もありますが、「御見舞御礼」「生前見舞志」などとして別の包みにするのが一般的です。

PART 8

お悔やみ状など弔事の手紙

葬儀を欠席し、香典を送るときのマナー

◆不祝儀袋

小さめサイズ（現金書留封筒に入るよう幅13×高さ20cm以内が目安）を選ぶ。水引が印刷されている略式タイプでOK。

◉表書き

仏式葬儀なら「御香奠」が宗派を問わず使える。神式なら「玉串料」、キリスト教式なら「お花料」。

◉中包み

金額、自分の住所・氏名を書く。

◉お香典（現金）

個人名で送る場合は最低5,000円を目安に、故人との関係に応じた額を包む。

◉郵便局の窓口から「現金書留」で送る

①→④の順に準備するのが効率的です。

①不祝儀袋を準備する。

②袋に香典を入れる。

③お悔やみ状を書く。

④郵便局で現金書留専用の封筒を購入、②③を入れて封をし、窓口で所定の料金を支払う。

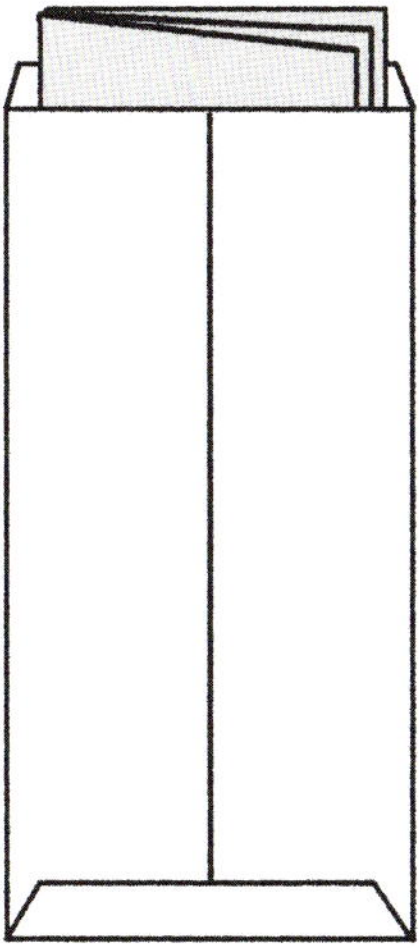

◆お悔やみ状

裏つき(二重)の封筒は用いない。便箋も1枚だけ(くわしくは165ページ)。

◆現金書留封筒

郵便局窓口で販売。サイズが2種類あるので、不祝儀袋の入る大型を購入。21円。

◉送り方

「現金書留」で送る。郵便局の窓口で、封入した金額を伝え、郵便代と書留料金を支払い郵送する。一般郵便や宅配便などで現金を送ることは郵便法違反になる。

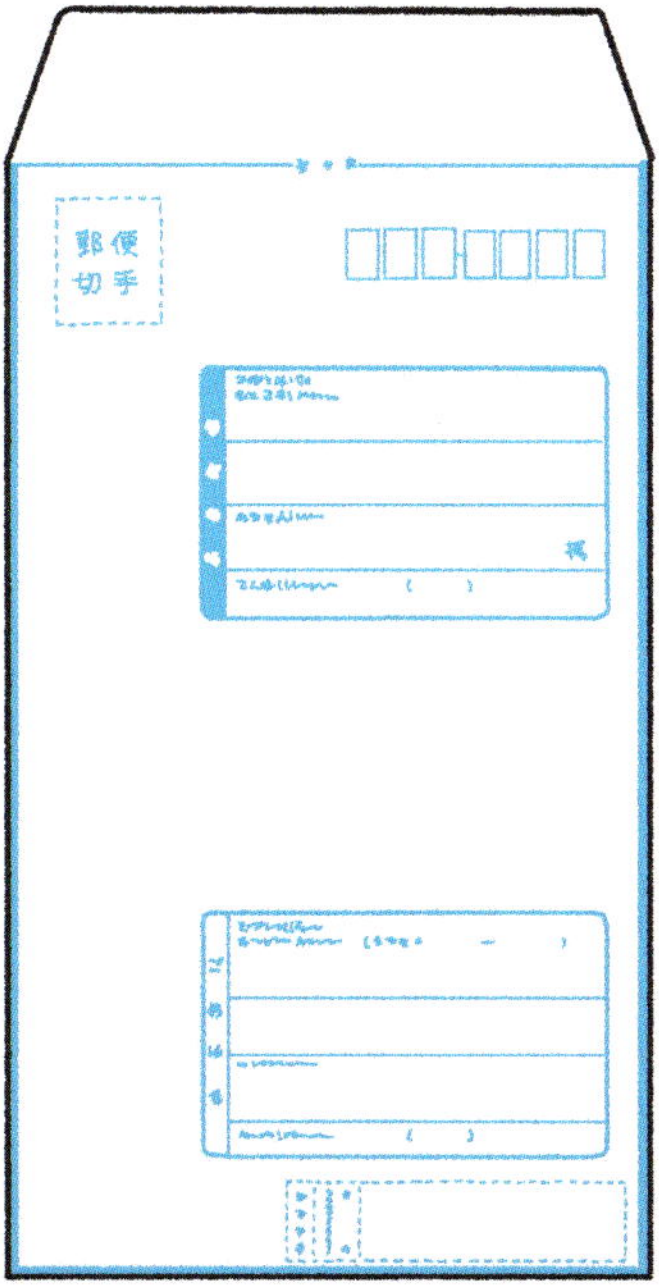

◉短くてもよいのでメッセージを添える

葬儀に参列する場合は、遺族に直接お悔やみを述べるわけですから、手紙を添える必要はありません。

場所や日程の問題から葬儀に参列できないため、家族や知人にお香典を託す場合は、参列者が代表してお悔やみを述べていることになります。別途、遺族あてにお悔やみ状を送ればていねいですが、必須のマナーではありません。

しかし、だれかに託さず、自分で香典を送る場合に、不祝儀袋だけを郵送するのは、単に「供物のお金ですよ」と送りつけていることになり、たいへんに失礼なことです。短くてもよいので、自筆のひとことを必ず添えましょう。

悲しみの気持ちを伝えるお悔やみ状のマナー

◉不祝儀袋の表書きは「なんのためのお金か」の説明をしているだけ

宗教別に、代表的な表書きを見てみましょう。

【仏式】御香奠・御香料→香の代金
【神式】玉串料・御榊料→玉串(榊)の代金
【キリスト教式】お花料→お花の代金
【各宗教】御霊前・御仏前→霊(仏)の前に

最後の「御霊前」「御仏前」を除けば、いずれも宗教ごとに用いられる「供物のためのお金として包みます」という意味です。そして、どの表書きにも「お悔やみを申し上げます」というメッセージは含まれていません。

◉便箋は1枚、封筒は裏なしのものを使う

お悔やみ状の場合、便箋2枚以上にわたる手紙や、裏紙がついた二重の封筒は「不幸が重なる」という連想から、日本ではNGとされています。色柄ものの便箋・封筒も避けましょう。

また、弔事では、着物の合わせ方や包み方を通常とは逆向きにするというならわしもあります。和封筒は、もともと蓋が下向きになるので問題ありませんが、洋封筒は左からふたをかぶせます(31ページも参照)。

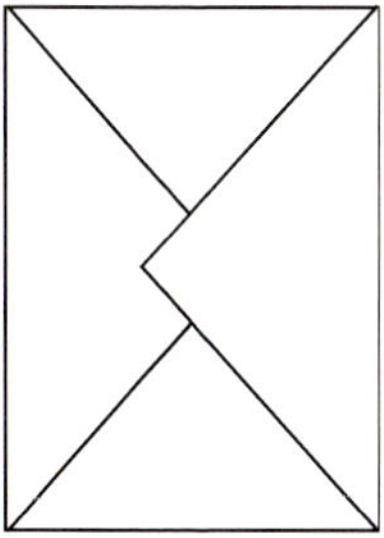

✖お悔やみ状ではNG

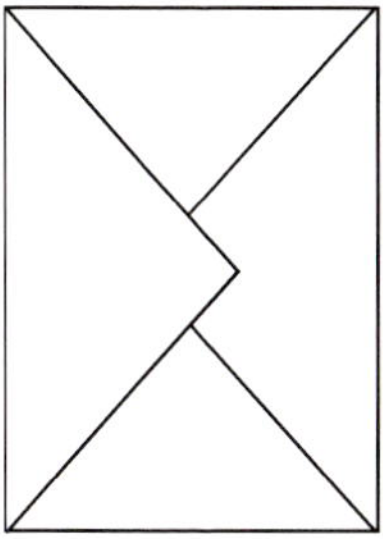

○通常とは逆向きに

◉忌み言葉も頭に入れておく

特定の場面では不吉なので使うのを避けたい言葉を「忌み言葉」といいます。また、状況によっては、ふさわしくない表現もあります。

✖重ね言葉(不幸が重なることを連想させる)

重ね重ね(残念です)/何度も(入院し)/もう一度(会いたい)/くれぐれも(ご自愛を)(入退院を)繰り返して　など

✖直接的な死の表現(遺族の悲しみを増す)

死去/死ぬ/早死に/急死/自殺　など

✖仏式葬儀以外ではふさわしくない表現

成仏/往生/供養/冥福/合掌/焼香　など

✖仏式葬儀にはふさわしくない表現

天国/空の上から/迷う/浮かばれない　など

✖遺族以外が使ってはいけない表現

天寿をまっとうした/大往生/寿命　など

香典を送るときに添える手紙

宗教宗派によって表現が違うので注意します

基本的な文例　本人↓知人

お母上様の訃報にふれ、たいへん驚いております。

謹んでお悔やみを申し上げます。

遠方におりますため、ご葬儀に参列することがかなわず、申しわけなく存じております。♥同封のものを心ばかりですが、ご霊前にお供えくださいますようお願い申し上げます。

◆心よりご冥福をお祈りいたします。

♥マナー 「香典」とあからさまに書かないことです。

◆メモ 「冥福」は仏教用語なので、神式・キリスト教式葬儀の場合では用いません。また、仏教でも浄土真宗では使わない概念ですが、現実には宗教宗派を超えて広く使われます。

仕事の都合で参列できないとき　本人↓親戚

お父上様ご逝去のお知らせを受け、謹んでお悔やみを申し上げます。

本来ならばご葬儀に伺いましてご焼香させていただくべきところ、♣どうしても変更できない出張のため参列できないことをお許しください。いずれ、ご自宅へお参りさせていただきたく存じます。心ばかりのものを同封いたしますので、お供えくださいますようお願い申し上げます。

安らかな眠りをお祈りいたします。

♣応用 参列できない理由が「旅行」「ゴルフ」などレジャー関連の場合は、はっきり書かず、「やむを得ず」「よんどころない事情で」などと、ぼかした表現にします。

神式葬儀のとき　本人→知人

奥方様◆ご帰幽の報に接し、心からお悔やみを申し上げます。

入院ご加療中とは伺っておりましたが、まことに残念なことでございます。

ご家族様の心中お察し申し上げます。

本来ならば、ご葬儀に伺いまして◆拝礼させていただくべきところ、どうしても家をあけることができず、こうして心ばかりの物をお届けすることにいたしました。

♣御霊のご平安をお祈り申し上げます。

◆メモ
神式では、死を「帰幽」としますが、宗教を問わずに使える「ご逝去」でもかまいません。

また「焼香」は使わず、「拝礼」にします。

♣応用
「御霊の安らかに鎮まり給うことをお祈り申し上げます」とも。いずれにせよ「冥福」は仏教用語なので使わないことです。

キリスト教式葬儀のとき　本人→知人

ご主人様★ご逝去のお知らせを受け、ただ驚いております。突然のことで、言葉が見つかりませんが、お世話になったことや、ともに過ごした時間のことなどを、静かに思い出しております。

遠方におりますため、ご葬儀に参列することがかなわず、心苦しく存じます。

同封の品、心ばかりではございますが、ご霊前にお手向けくださいますようお願い申し上げます。

♥ご主人様の安らかな眠りをお祈りいたします。

★注意点
「死」の表現は、キリスト教の教派により「昇天」「召天」「帰天」「永眠」など違います。不明のときは「逝去」が無難です。

♥マナー
「安らか」であることを祈るのが基本です。

状況別　お悔やみの手紙

亡くなった年齢や死因によって表現をアレンジします

故人と面識がある場合　本人→友人

お父上ご逝去の報に接し、心よりお悔やみを申し上げます。

♥＊＊様が独立して起業する際に、いちばん応援してくれたのが、お父上でしたね。「シュートなければゴールなし」という、お父上の励ましの言葉は、現在の私の信条にもなっています。もうお会いすることができないと思うと、ほんとうに無念です。

遠方ゆえ、ご葬儀に伺えず申しわけありません。心ばかりですがご霊前にお供えくださいますようお願いいたします。★合掌

♥マナー　故人の思い出をつづると、心の通った手紙になります。

★注意点　「合掌」は、仏教以外には使えません。

若くして亡くなったとき　本人→友人

ご主人様が急逝なさったとのお知らせを伺い、耳を疑いました。あまりにもむごいことで、＊＊様の深すぎるお悲しみを思うと、お慰めの言葉も見つかりません。

すぐに駆けつけたいところですが、どうしても都合がつかず、失礼させていただきます。どうぞお許しくださいませ。

ご主人様のご霊前にお供えいただければと、心ばかり同封させていただきます。

さぞ、お力落としのことと思いますが、お子様のためにも、★お気持ちを強く持ってください。ご冥福をお祈りいたします。

★注意点　「元気を出して」「がんばって」などの安易な励ましの言葉は控えます。

子どもが亡くなったとき　本人→故人の親

このたびの悲しいお知らせを、いまだに信じられない気持ちでおります。心よりお悔やみを申し上げます。

毎年の★お年始状で、かわいらしいお写真を拝見しておりましただけに、いっそう悲しみが募ります。ご両親様のお嘆きはいかばかりかと、心中お察し申し上げます。

直接、お目にかかってお慰めしたいのですが、遠方ゆえそれもかないません。

＊＊ちゃんのお好きだったお菓子など、お供えいただければと、気持ちばかり同封いたしますのでお納めください。

遠い空の下からお祈りしています。

★注意点　「年賀状」「お正月」「結婚式」など、おめでたい言葉を使うのはふさわしくありません。「年賀」は「年始」に調整します。

自死のとき　本人→故人の家族

あまりにも突然のご訃報に接し、驚きました。謹んでお悔やみを申し上げます。私は、ご主人様の高校の同期生で、卒業後も年に一度は会い、親しくさせていただきました。

実は、★まだ信じられない、信じたくない気持ちでおります。昨年お会いしたときは、いつもと変わらぬようにお見受けしておりました。胸が締めつけられる思いです。

♥心ばかりですが、同封のものをお納めくださいますようお願い申し上げます。

ご家族様のご心痛はいかばかりかと拝察いたしますが、どうかご自愛ください。

心より哀悼の意を表します。

合掌

★注意点　死因についてふれる必要はありません。

♥マナー　身内だけで葬儀を行った場合は、参列できないおわびの言葉を省きます。

不幸をあとで知ったときの手紙

訃報を受けていなくてもお悔やみは伝えます

家族葬を後日知ったとき　本人→知人

♥お父上様がご逝去とのこと、本間さんから伺いました。

心よりお悔やみを申し上げます。

お父様には、私の父の葬儀の際、あたたかい慰めのお言葉をかけていただいたことを思い出します。ご家族様もお寂しくなることでしょうが、どうぞご自愛ください。

ご霊前にお供えいただきたく、心ばかり同封させていただきます。

心よりご冥福をお祈りいたします。

♥マナー　身内だけの家族葬がふえ、葬儀後に不幸を知るケースが多くなりました。一般葬で知らせを受けていれば、参列したであろう相手なら、お香典を送るのが一般的です。

家族葬のため弔問を控えたとき　本人→遺族

お母上様ご逝去のお知らせを受け、謹んでお悔やみを申し上げます。

★お母上とはサークル仲間として親しくさせていただきました。周囲を明るくしてくれる陽光のような存在で、もうお目にかかれないことが残念でなりません。

ご家族でお見送りになったとのことで、伺うのは控えさせていただきました。仲間からのささやかな気持ちを同封いたしますので、ご霊前にお供えくださいますようお願い申し上げます。これまでの友情に深謝し、安らかな旅立ちをお祈りいたします。

★注意点　遺族と面識がないときは、相手に不信感を与えないよう、簡単に関係を説明します。

喪中欠礼で不幸を知ったとき　本人↓友人

お父上様がご逝去とのこと、本日、欠礼のごあいさつをいただき、驚きました。♥お悔やみも申し上げないまま今日に至りまして、たいへん失礼をいたしました。あらためて、心よりご冥福をお祈りいたします。

★これまでに過ぎた月日が、少しでも＊＊様のお慰めになっていればと案じております。お寂しい年の暮れと存じますが、どうぞ皆様ご自愛ください。

♥マナー
知っていれば葬儀に参列した、という間柄なら、ハンカチなど相手の負担にならない小さな贈り物をするのもよいでしょう。お香典を送ると、相手に返礼の気遣いを与えてしまいます。

★注意点
すでに忌明けしている場合（または命日が10月以前）に向く表現です。

知らずに年賀状を出したとき　本人↓知人

♥寒中お見舞い申し上げます。

★ご服喪中と存じませぬまま、年始のごあいさつをさし上げ、まことに失礼いたしました。

あらためまして、ご主人様のご冥福を心よりお祈り申し上げます。

さぞ、お力落としのことと存じますが、お気持ちを強くお持ちになりますようお祈りいたします。

厳しい寒さがつづいております。どうぞお体にお気をつけください。

♥マナー
寒中見舞いは、松の内（1月7日）を過ぎてから出します。目上の人には、敬意を込めて「寒中お伺い申し上げます」とします。

★注意点
「存じませんでしたので」とすると、自分の責任を回避する印象になります。

遺族からの手紙や印刷物のマナー

会葬礼状は印刷して会葬者に配布します

●いつ
通夜、葬儀の当日

●だれに
会葬者全員

●何を
会葬していただいたお礼

●どのように
印刷し、会場受付で返礼品とともに手渡す
「当日返し」の方法をとる場合は、香典返し品とともに手渡す

●文例
１７４ページ

お香典を送ってくれた人へはお礼状を出します

●いつ
葬儀後、お悔やみを受けるごとに

●だれに
葬儀に参列せず、香典や供物《くもつ》を贈ってくれた方に

●何を
お悔やみをいただいたお礼

●どのように
お礼状として郵送する

●文例
１７９ページ

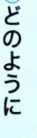

香典返しには忌明けあいさつ状を添えます

◉**いつ**
四十九日法要後

◉**だれに**
香典や供物をいただいた方。「当日返し」を行った場合は、高額の香典をいただいた方にだけ

◉**何を**
四十九日法要を営んで忌明けした報告と、弔慰へのお礼

◉**どのように**
巻紙またはカードに印刷して、一般には「御挨拶」と表書きした封筒に入れ、香典返しの品とともに宅配

◉**文例**
180ページ

志
御挨拶

年賀状は出さず、喪中欠礼状を送ります

◉**いつ**
11月上旬～12月中旬（年末に不幸があったときは翌年1月8日以降）

◉**だれに**
年賀状をやりとりしている相手に

◉**何を**
喪中のため年賀のあいさつを控えることを知らせる

◉**どのように**
はがきに印刷して郵送

◉**文例**
186ページ

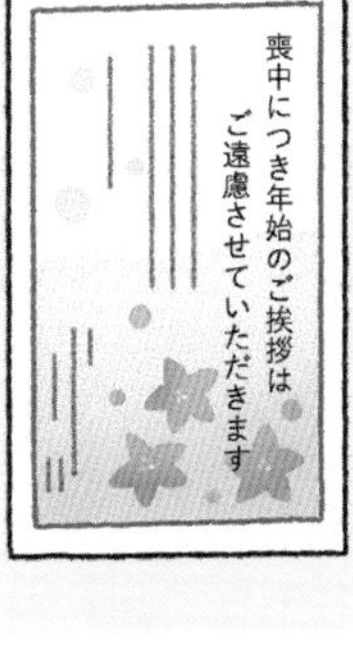
喪中につき年始のご挨拶は
ご遠慮させていただきます

オーソドックスな会葬礼状

基本的な文例　喪主→会葬者

謹啓　♥亡母＊＊＊＊儀　葬儀に際しましては　ご多忙の中　ご会葬いただき　そのうえ　ご丁重なご弔詞を賜りまして厚く◆御礼を申し上げます　ここに生前のご厚誼を深謝し　略儀ながら書中をもちまして御礼のごあいさつを申し上げます

謹白

（日付・喪主住所）

喪主　＊＊＊＊
外　親族一同

♥マナー　戒名（宗派により法名・法号）を添える場合もあります。

◆メモ　儀礼的な文書は、句読点（「、（テン）」と「。（マル）」）をつけないのがしきたりです。

当日返しにするときはその断りを入れておきます

当日返しにする場合　喪主→会葬者

亡父＊＊＊＊儀　葬儀に際しましては　公私ともにご多忙の中ご会葬いただきまして　まことにありがとうございました
その上　お心のこもったご弔慰を賜り　心より御礼を申し上げます　生前のご厚情に深く感謝し　略儀ではございますが書中をもってごあいさつ申し上げます

（日付・喪主住所）

喪主　＊＊＊＊
外　親族一同

★なお　本日の返礼品をもって御香典返しにかえさせていただきます

★注意点　ただし書きによって「香典返し品が来ない」というトラブルを防ぐことができます。

神式葬儀の場合　喪主→会葬者

謹啓　♥亡夫＊＊＊大人命　葬場祭に際しましては　ご多忙中にもかかわりませずご拝礼いただきまして　まことにありがとうございました　さらにお心のこもったご弔慰をいただきましたこと　厚く御礼を申し上げます

早速◆拝趨のうえ御礼を申し上げるべきところ　略儀ながら書中をもちまして御礼を申し上げます

謹言

（日付・喪主住所・喪主名など）

♥マナー　神式では、葬儀のことを「葬場祭」といいます。また、焼香ではなく玉串奉奠《たまぐしほうてん》をして拝礼を行います。

◆メモ　「拝趨《はいすう》」とは、相手のところへ出向くことの謙譲表現。「本来ならあいさつに参上すべきところ礼状で失礼します」という意味。

無宗教の場合　喪主→会葬者

◆亡夫＊＊＊の「お別れの会」「偲ぶ会」に際しましては、お忙しい中ご参列いただき、まことにありがとうございました。

そのうえ、皆様から心のこもったお慰めをいただき、謹んで御礼を申し上げます。

「大好きなモーツァルトの曲に送られて旅立ちたい」という♥故人の強い遺志によりまして、このようなお別れの席にさせていただきました。あたたかいご理解を賜ればありがたく存じます。

生前、故人がお世話になりましたこと、あらためて心より御礼を申し上げます。

（日付・喪主住所・喪主名など）

◆メモ　無宗教葬儀の場合は、句読点を用いて、かた苦しくない文章にするのが自然です。

♥マナー　理由は「故人の遺志」と簡潔に説明します。

オリジナルの文章で作る会葬礼状

定型文にはないぬくもりを感じさせます

子としての思いを中心に　喪主→会葬者

本日はご多用のところ、亡母＊＊＊の葬儀にご会葬いただき、まことにありがとうございました。

◆三年前に父を見送ってからは、親しいご友人に誘われ、たまの温泉旅行に出かけるのを楽しみにしている毎日でした。

悲しみは尽きませんが、母は、愛する父のもとへ旅立ち、これからは二人で私どもを見守ってくれるものと存じます。

♥生前の母に賜りましたご厚情に、心より御礼を申し上げます。

◆メモ　近年の故人の様子は、会葬者が想像しやすいよう、なるべく具体的に書きます。

♥マナー　謝辞で結ぶとまとまりがよくなります。

感謝を主体に　喪主→会葬者

夫＊＊＊＊は、＊月＊日、＊＊年の生涯を閉じました。この二年は、病との闘いでしたが、いつも希望を失わず前向きでした。

多くのよき友人に恵まれたことが夫の誇りでした。♥幼なじみ、学友、勤務先の同僚、趣味の仲間のかたたち――たくさんの思い出をありがとうございました。

家庭では、娘＊＊のよき父であり、私の最高のパートナーでした。たいせつな時間を、ともに過ごせたことに感謝しています。

本日は、お忙しい中、ご会葬いただき、まことにありがとうございました。

♥マナー　会葬者を想定し、漏れのないよう書きます。

故人の人柄を伝えて　喪主→会葬者

本日は、父＊＊＊＊のためにお参りいただき、まことにありがとうございました。

享年七十二歳。もっと長生きしてほしかったという思いは尽きませんが、「生涯現役」が目標の父でしたから、♥その夢をまっとうできたことを、慰めにしております。

ひとことで、父をあらわせば――。

家族がそれぞれ口にしたことを列挙します。誠実。ブレない人。頑固。うそが嫌い。社交的。ポジティブ。酔うと話が長い。

皆様のお心の中には、どんな父が描かれているでしょうか。実は寂しがりやでもあった父ですので、時折思い出していただければと存じます。生前親しくしていただいた皆様に、心より御礼申し上げます。

♥マナー　読んだ人が「救い」を感じる表現にします。

故人への感謝をタイトルに　喪主→会葬者

◆**母さん、幸せをありがとう**

料理じょうずで、人をもてなすのが好きな妻でした。私の現役時代は、自宅に若い後輩を招いて「おふくろの味」をふるまったものです。皆「母さん」と呼んで、慕ってくれていました。

「母さん」と呼ぶと、いつも「はーい」と明るい声が返ってきました。もう、その返事が聞けないという事実に愕然とします。

母さん、いままでありがとう。

そして、お世話になった皆様へ、妻にかわりまして心より感謝申し上げます。

本日は、ご多用中ご会葬いただき、まことにありがとうございました。

◆メモ　「故人への感謝」「会葬者への感謝」をあらわすタイトルをつける方法もあります。

家族葬（小規模葬）の場合の手紙

当日に礼状、後日に死亡通知を出します

葬儀で配布する礼状　喪主↓会葬者

本日はお忙しい中、亡父＊＊＊＊のためにご会葬いただき、ありがとうございます。

このたびは、♥◆父の残した言葉によりまして、ごく親しいかただけにご案内しての葬儀とさせていただきました。ご理解ご海容のほど、よろしくお願い申し上げます。

近年は入退院の月日を過ごしておりましたが、苦しむこともなく安らかに旅立てましたことを、家族の慰めにしております。

皆様からいただきました生前のご厚誼に、心より御礼を申し上げます。

♥マナー　小規模葬の場合も、会葬礼状は作成します。

◆メモ　理由は「故人の遺志」とするのが妥当ですが、特にふれなくてもかまいません。

葬儀後に送る死亡通知　喪主↓知人

謹啓　母＊＊＊＊は、＊＊年＊月＊日、＊＊歳の生涯を閉じました。なお、母の遺志により、葬儀は近親者のみにて執り行いました。

♥ご通知が遅れましたことを心よりおわび申し上げます。

さらに、母の施設入所を機に自宅はお譲りし、別の方がお住まいです。私どもも遠方に居住しておりますため、まことに勝手ながらご弔問をご辞退申し上げたく、これにつきましても心苦しく存じております。

これまでお世話になりました皆様に、心より御礼を申し上げます。

敬白

♥マナー　家族葬は「なぜ知らせてくれなかった」と残念に思う人が多いので、おわびモードに。

香典やお悔やみへのお礼状

葬儀直後なら会葬礼状を郵送してもOKです

香典への返礼　喪主→故人の友人

このたびは、♥お心のこもったお悔やみ状をちょうだいいたし、まことにありがとうございました。そのうえ、ごていねいなお心づかいをいただき恐縮しております。さっそく霊前に供えまして、父に報告いたしました。

山口様のお話は、父からよく聞いておりました。山口様のような、生涯にわたるご友人を持てたことは、父にとってたいへん幸せなことだったと存じます。

生前、お世話になりましたことに、あらためて心より御礼を申し上げます。

山口様のご健勝を祈り、一筆御礼まで。

♥マナー　手紙が添えられていたときは、まず手紙（気持ち）へのお礼を述べます。

供花への返礼　喪主→友人

本日、たいへん上品なアレンジメントが届きました。ありがとうございます。供えていた花が、少し元気がなくなってきたころでした。こまやかなお心づかいに感謝しつつ霊前に供え、夫にも報告いたしました。

他界する前はしばらく入院しておりましたので、いまでも病室に行けば会えるような錯覚を覚えることがあります。ひとりの暮らしに慣れるには、しばらく時間がかかりそうですが、落ち込んでばかりもいられません。

♥機会がありましたら、お誘いくださいませ。

本日はまずは御礼のみにて。

♥マナー　相手に過度の心配をかけないよう、なるべく気持ちを引き立てて前向きに結びます。

忌明けあいさつ状と香典返しのマナー

◉仏式では四十九日法要後に送る

「忌明け」とは、喪に服する期間が終わることで、仏式の多くでは四十九日、神式では五十日とされます。この節目に香典返しの品とともに送る書状が「忌明けあいさつ状」です。キリスト教には、忌明けや香典返しの概念はありませんが、日本の慣習にならって死後一カ月後ごろに、記念品とあいさつ状を送るのが一般的です。

　あいさつ状は、奉書紙に薄墨色の筆文字で印刷し、巻物のように折りたたんで一重の封筒に入れる形式が、古くからのならわしです。ただ、最近は、カードに黒色インクで印刷する方法もとられています。無宗教やキリスト教式葬儀の場合は、後者のほうがマッチするでしょう。

◉あいさつ状は、香典返しのかけ紙の下にはさむ

　忌明けあいさつ状は、香典返しの品に同梱します。品物に、弔事用のかけ紙をし、その下に無封のあいさつ状をはさみこんで、弔事用の包装紙で包むのが正式です。

香典返しのかけ紙のマナー

水引：黒白または黄白結びきり

表書き：志（基本）／粗供養（仏式）／満中陰志（仏式）／偲ぶ草（神式・キリスト教式）　など

◉当日返しではあいさつが行き届かない場合も

葬儀当日に2千～3千円相当の品を渡す当日返し(即日返し)をする方がふえ、香典返しのマナーも変わりつつあります。

当日返しは、送付リストを作る手間や送料がいらないという遺族側のメリットと、葬儀社が香典返しまで請け負うための営業戦略によって、近年ふえている方法です。

当日返しを行っても、高額の香典をいただいた方に対しては、忌明けにあいさつ状と香典返し品を送るのが一般的です。しかし、それ以外の方には、葬儀当日のやりとりだけで終わり、無事に忌明けの法要を営んだというけじめのあいさつは行わないことになります。

一見合理的に思える当日返しですが、下表の青色の部分の方に対しては、やや礼儀を欠く方法であることを、頭に入れておきましょう。

【従来の香典返しと当(即)日返しの違い】

	通夜・葬儀の日	忌明け後
従来の香典返し	返礼品(数百円程度のお茶・のりなどを全員に渡す)	香典返し品とあいさつ状を送る(いただいた香典の3分の1から半額)
当(即)日返し	当日返し品＝基本的な香典返し(2,000～3,000円程度の品を全員一律に渡す)	香典が1(2)万円以上の方には香典返し品とあいさつ状を送る
		香典が1(2)万円未満の方には何も送らない(忌明けのあいさつ状もなし)

オーソドックスな忌明けあいさつ状

基本文例（仏式）　施主→香典をいただいた方

謹啓
先般亡父＊＊＊＊永眠の際は　ご丁重なご弔詞をいただき　さらにはご芳志を賜りまして厚く御礼を申し上げます　本日
♣＊＊院＊＊＊＊（戒名・法名・法号）
七七日忌の法要を営みました　つきましては　供養のしるしまでに　心ばかりの品をお届け申し上げます　どうぞお納めくださいますようお願い申し上げます
まずは略儀ながら書中をもちましてごあいさつ申し上げます
★謹　白

♣応用　戒名（法名・法号）を入れない場合も。

★注意点　業者のサンプルは、謹啓とは格が合わない「敬具」で結んでいるものが多いので注意。

宗教による表現の違いに留意します

基本文例（神式）　施主→香典をいただいた方

◆謹啓
先般亡母＊＊＊＊★帰幽の際は　ご丁重なご弔詞をいただき　さらにはご芳志を賜り厚く御礼を申し上げます　本日
★五十日祭を営みましたので　あらためて謝意をあらわしたく　心ばかりの品をお届け申し上げます　どうぞご受納くださいますようお願い申し上げます
略儀ながら書中をもって御礼かたがたごあいさつ申し上げます
謹　白

◆メモ　会葬・香典のお礼→節目を迎えた報告という文章構成や、巻紙に薄墨色で印刷する方法が主流なのは、仏式の場合と同じです。

★注意点　「帰幽」「五十日祭」などの用語は正しく。

基本文例（キリスト教式） 施主→香典をいただいた方

謹啓

先般亡父＊＊＊＊★召天の際は、お心のこもったご弔詞をいただき、さらにはごていねいなご芳志を賜りまして、厚く御礼を申し上げます。

本日、♣諸事万端滞りなく相済ませました。このたびお寄せいただきましたお気持ちに対して、私どもからの感謝の意をあらわしたく、ささやかな記念品をお届け申し上げます。どうぞご受納くださいますようお願い申し上げます。

略儀ながら書中をもちまして謹んでごあいさつ申し上げます。

敬白

★注意点 教派によって「帰天」「昇天」など表現が違うので、事前に確認しておきます。

♣応用 無宗教葬儀の場合にも使える表現です。

基本文例（ソフトに） 施主→香典をいただいた方

このたび亡母＊＊＊永眠の際には、お心のこもったお悔やみとご芳志をたまわりまして、まことにありがとうございました。

♥本日＊＊院＊＊＊＊（戒名・法名・法号）七七日忌の法要を営むことができました。つきましては、供養のしるしに、心ばかりの品をお届け申し上げますのでお納めくださいますようお願いいたします。

お目にかかりまして親しくごあいさつ申し上げるべきところ、略儀ながら書中にて御礼申し上げます。

♥マナー 巻紙に印刷する際は、戒名（法名・法号）を行頭にするため、前行は「本日」の一語だけを行末におくのがならわし。手紙文でもそれに準じた形式にします。

オリジナルの文章で作る忌明けあいさつ状

家族葬のとき　施主→香典をいただいた方

このたび亡父＊＊＊の永眠に際しましては、あたたかいお慰めの言葉と、ごていねいな心づかいをいただきまして、まことにありがとうございました。

「いざというときは身内だけで」と父から固く申し渡されており、近親者だけで見送らせていただきました。

生前、皆様にお世話になりながらお知らせが行き届かず、おわび申し上げます。
◆四十九日の法要も無事に営みましたので、心ばかりの品をお届け申し上げます。
時節柄、ご健勝をお祈りいたします。

◆メモ　仏教上は「七七日忌」とするのが正式ですが、平易にしたいときは一般的な表現でも。

特に伝えたいことがあるときに

香典を寄付する　施主→香典をいただいた方

謹啓　先般亡母＊＊＊永眠の際には、ご丁重なご弔詞とご芳志を賜り、厚く御礼を申し上げます。＊月＊日、四十九日法要を無事に営むことができました。
本来ならば、供養のしるしをお届け申し上げるべきところ、ご厚志の一部を◆♥公益財団法人＊＊協会へ寄付することで返礼にかえさせていただきます。生前より、途上国の子どもたちの現状に心を痛めていた母の遺志でございますので、ご理解いただきたくお願い申し上げます。

謹　白

◆メモ　寄付先からの受領状などがあれば同封を。

♥マナー　ささやかな返礼品として、千円程度のプリペイドカードなどを同封する方法も。

香典返しをしない　施主→香典をいただいた方

先般、夫＊＊＊＊永眠の際には、お心のこもったお悔やみの言葉とご芳志を賜りまして、心より御礼を申し上げます。

早いもので、このたび四十九日の節目を迎えました。本来であれば、供養の品をお届けすべきところですが、幼い子どもを抱え、何かと不安が尽きません。

つきましては、♥まことに身勝手ながら、皆様からのお気持ちを、子どもの養育にあてさせていただくことをお許しくださいますようお願い申し上げます。

皆様のご自愛をお祈りいたします。

♥マナー　経済的な理由で香典返しを控えるのは、マナー違反ではありませんが、節目のあいさつは必要です。あくまでも謙虚な姿勢で事情を説明すれば容認されやすいものです。

香典返しが届いたときのお礼

香典のお礼である香典返しに対して、さらにお礼状を出すのは「不幸の繰り返し」を連想させるためNGとされています。届いたことを知らせたいときは、次のような「お見舞い状」を出すとよいでしょう。「ありがとう」「御礼」ではなく「恐れ入ります」「恐縮」という控えめ表現にするのがコツです。


本日、ご供養の品を拝受しました。ごていねいなお心づかい恐れ入ります。

ご家族の皆様には、お寂しくお過ごしのことと存じますが、どうぞご自愛ください。

喪中欠礼の基本マナー

喪中とは「喪に服す期間」の意味で、この期間は、年賀状などおめでたいことを控えるのがしきたりです。しかし、小規模な家族葬がふえた現在は、考え方も変わってきています。

●喪中欠礼か年賀状か

家族葬など、広い範囲に不幸を知らせていない場合は、仕事関係者・不幸を知らない友人知人には年賀状、親族には喪中欠礼と2種類を作成する人がふえています。

●喪中の期間

現在は、不幸があった年には翌年の年賀状を控えるのが一般的です。本来、喪中期間は故人との関係によって異なるとされますが、その目安としているのが明治時代の法令のため、現代社会にはそぐわない面もあるからです。

●喪中の範囲

配偶者、父母、子のほか、図に示した範囲で不幸があったときには欠礼状を出すのが一般的です。ただし、決まったルールはないので「悲しみが深ければ年賀状は出さない」と柔軟に考えればよいでしょう。

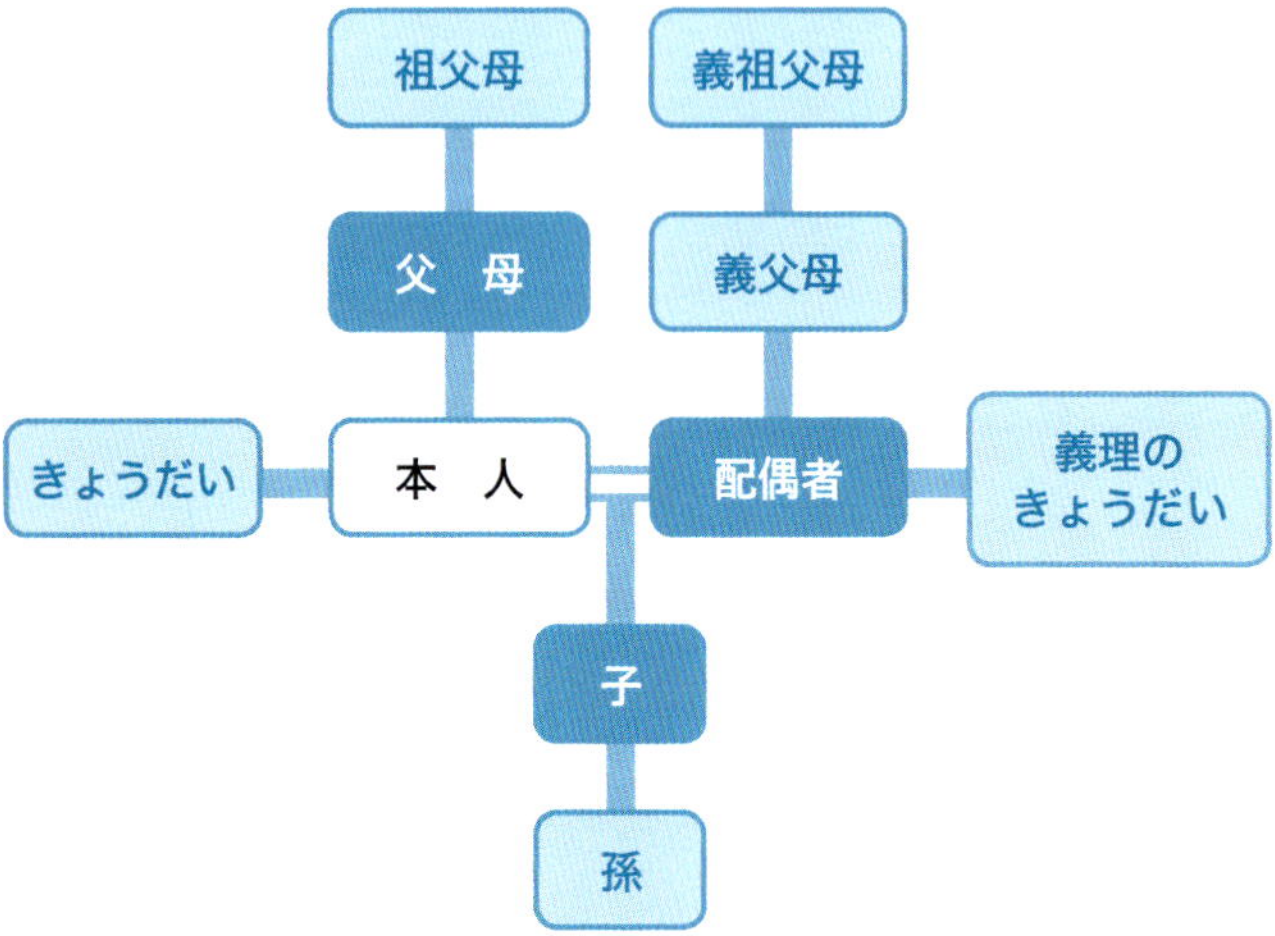

喪中欠礼（新年のあいさつを辞退するはがき）

12月中旬までに投函します

基本文例　遺族など→知人

喪中につき♥年始のごあいさつを
控えさせていただきます
＊月＊日　母＊＊＊＊が享年＊＊で他界いた
しました　生前たまわりましたご厚情に深
謝し　明年も変わらぬご交誼をよろしくお
願い申し上げます

マナー　♥
お歳暮などはOKなので「年末年始」ではな
く「年始」「年頭」とするのが正式です。

◎家族葬の場合〈あいさつのあとに〉
＊月＊日　父＊＊＊＊が＊＊歳の生涯を閉じました
近親者で見送りましたため
ごあいさつが行き届かなかった失礼をおわび申し上
げます　明年の皆様のご健勝をお祈り申し上げます

喪中に年賀状がきたとき　遺族など→知人

♥寒中お見舞い申し上げます
お年始状をいただき、ありがとうございま
す。実は、昨年◆12月15日に父＊＊＊＊が永
眠いたしました。故人の遺志により、身内だ
けで葬儀を執り行いましたため、お知らせを
さし上げなかった失礼をお許しください。
皆様には、平素のご厚情に心より御礼を
申し上げますとともに、本年も変わらぬご厚
誼のほどをよろしくお願い申し上げます。

マナー　♥
松の内（1月7日）が過ぎてから寒中見舞い
（目上の人へはお伺い）として送ります。

メモ　◆
年末に不幸があった場合は、喪中欠礼を作
成せず、年が明けてから寒中見舞いとして
送る方法をとるのがスマートです。

法要の案内とその返事

会食をともなうときは追記の形で案内します

基本文例　施主→招待者

謹啓　♥＊＊の候　皆様におかれましては
ご清栄のことと存じます
　さて、来る＊月＊日は
亡父＊＊院＊＊＊＊（戒名・法名・法号）
七七日忌にあたりますので　左記のとおり
法要を営みたく存じます
ご多用とは存じますが　ご出席をたまわり
たく　ご案内申し上げます
謹白
（日付・施主の住所氏名）

記（日時・場所）

なお　法要の後　同所にて◆粗餐を用意しております
お手数ではございますが＊月＊日までに同封のはがきに
てご都合をお知らせくださいますようお願いいたします

法要の案内状の基本マナー

法要の案内は、案内状（二つ折りカードなどに印刷）と出欠連絡用の返信はがきを封書に入れて送るのが基本です。ただ、身内だけの法要を自宅で営む場合などは、電話での連絡でもかまいません。いずれにせよ、法要の１カ月前までには案内します。

♥ マナー
「初春の候」「春爛漫の候」など、明るいイメージの表現は避け、「お喜び申し上げます」という慶賀のあいさつも控えます。

◆ メモ
粗餐《そさん》は、人に食事を供してもてなすことの謙譲表現です。

一周忌以降の案内　施主→招待者

残暑厳しき折ではございますが、ご健勝にお過ごしのことと存じます。

昨年十月＊日に夫＊＊が他界いたしましてから早くも一年を迎えようとしておりますす。悲しみと寂しさは尽きませんが、皆様のご温情を受け、♥つつがなく消光しておりますのでご休心ください。

さて、来る十月＊日(日)午前十一時より、自宅におきましてささやかな一周忌の法要を営みます。生前、夫と親しくしていただいたかただけの集まりですが、皆様にご焼香いただければ夫も喜ぶことと存じます。

ご多用中とは存じますがなにとぞご出席くださいますようご案内申し上げます。

♥マナー　「元気です」という明るい表現はふさわしくないので「消光(月日を送ること)」に。

法要に欠席するおわび　本人→施主

このたびはご主人様の一周忌法要にお招きいただき、ありがとうございます。

ご主人様には、生前たいへんにお世話になり、あらためて心より御礼を申し上げます。ぜひお参りさせていただきたかったのですが、♣どうしても仕事の都合がつかず、欠礼させていただきます。心ばかりではございますが、♥同封のものをご仏前にお供えくださいますようお願い申し上げます。

時節柄、皆様どうぞご自愛ください。

♣応用　法要の案内を受けたら出席するのが原則。仕事、介護、育児以外の理由で欠席するときは「やむを得ず」とぼかして書きます。

♥マナー　出席の場合、食事のもてなしを受けるので最低1万円の「御供物料」を包みます。欠席の場合も、親族なら出席時と同額を。

Column

季節のごあいさつのしきたり

「暑中見舞い」「寒中見舞い」などは、単に暑いから、寒いから送るわけではなく、太陽の動きをもとにした二十四節気の考えにもとづいて、区分が決まっています。その区分をきちんとわきまえ、適切な時期に、相手を思いやる言葉を贈りたいものです。

月	二十四節気	季節の手紙
1月	小寒【しょうかん】(6日ごろ)「寒の入り」といわれる時期 大寒【だいかん】(21日ごろ)一年でもっとも寒さが厳しい時期	●年賀状 ●寒中見舞い(目上の人へは寒中お伺い) 「寒」の中だから「寒中」となる ※通常は松の内(7日まで)後に出す
2月	立春【りっしゅん】(4日ごろ)寒さが峠を越え、春に向かう時期 雨水【うすい】(19日ごろ)雪が雨になり、氷が水になる時期	●余寒見舞い(目上の人へは余寒お伺い) 暦の上では春だが「寒」が残っているから
3月	啓蟄【けいちつ】(6日ごろ)冬ごもりの虫がはい出して来る時期 春分【しゅんぶん】(21日ごろ)昼と夜の長さがほぼ同じになる	
4月	清明【せいめい】(5日ごろ)万物が清らかな明るさに満ちる時期 穀雨【こくう】(20日ごろ)穀物に実りの雨が降る時期	

5月	立夏【りっか】(6日ごろ) 春分と夏至の中間にある夏の始め 小満【しょうまん】(21日ごろ) 動植物の生命が一定まで満ちる時期	
6月	芒種【ぼうしゅ】(6日ごろ) 稲穂のある穀物の種まきの時期 夏至【げし】(22日ごろ) 一年でもっとも昼が長くなる	
7月	小暑【しょうしょ】(7日ごろ) 暑気の入り口にあたる時期 大暑【たいしょ】(23日ごろ) 一年でいちばん暑さが厳しい時期	●暑中見舞い(目上の人へは暑中お伺い) 「暑」の中だから「暑中」となる ●お中元の送り状(夏のごあいさつ) ※古代中国では7月15日を「中元」といい、この前後に送る(時期は地域により異なる)
8月	立秋【りっしゅう】(8日ごろ) 秋の訪れを感じる時期 処暑【しょしょ】(24日ごろ) 暑さがやみ、新涼が間近になる時期	●残暑見舞い(目上の人へは残暑お伺い) 暦の上では秋だが「暑」が残っているから
9月	白露【はくろ】(7日ごろ) 草木に降りた霜が白く見える時期 秋分【しゅうぶん】(23日ごろ) 昼と夜の長さがほぼ同じになる	
10月	寒露【かんろ】(8日ごろ) 朝晩の露が冷たくなる時期 霜降【そうこう】(23日ごろ) 霜が降り始める時期	
11月	立冬【りっとう】(7日ごろ) 冬の訪れを感じる時期 小雪【しょうせつ】(22日ごろ) 雪が少しちらつく時期	
12月	大雪【たいせつ】(7日ごろ) 雪がはげしく降り、積もる時期 冬至【とうじ】(22日ごろ) 一年でいちばん昼が短くなる	●お歳暮の送り状(年末のごあいさつ) ※初旬～20日ごろまでに送る

杉本祐子（すぎもと ゆうこ）

「くらし言葉の会」主宰。NHK文化センター札幌教室「わかりやすいと言われる文章の書き方」講座講師、1957年生まれ。津田塾大学卒業後、出版社勤務をへて、手紙や文章の書き方、冠婚葬祭のしきたりやマナーなどの編集や原稿執筆を行っている。主な著書は『ジーンと心に響く！主賓・来賓・上司のスピーチ』『お祝いのスピーチ きちんとマナーハンドブック』『心が伝わるお祝いの手紙・はがき きちんとマナーハンドブック』『心に響く 葬儀・法要のあいさつと手紙 きちんとマナーハンドブック』（以上、主婦の友社刊）。

装丁　フレーズ
本文フォーマット　矢代明美
表紙イラスト　イイダ ミカ
イラスト　フジサワ ミカ
本文DTP　松田修尚（主婦の友社）
編集担当　神谷裕子
編集デスク　三宅川修慶（主婦の友社）

短《みじか》くても気持《きも》ちが伝《つた》わる手紙《てがみ》・はがき・一筆箋《いっぴつせん》 きちんとマナーハンドブック

2018年 6 月30日　第 1 刷発行
2023年 6 月20日　第12刷発行

著　者　杉本祐子《すぎもとゆうこ》
発行者　平野健一
発行所　株式会社主婦の友社
〒141-0021　東京都品川区上大崎 3-1-1　目黒セントラルスクエア
電話（内容・不良品等のお問い合わせ）03-5280-7537
（販売）049-259-1236
印刷所　大日本印刷株式会社

ISBN978-4-07-431970-1

■本のご注文は、お近くの書店または主婦の友社コールセンター（電話0120-916-892）まで。
＊お問い合わせ受付時間　月～金（祝日を除く）　10：00～16：00
＊個人のお客さまからのよくある質問のご案内　https://shufunotomo.co.jp/faq/